はじめに

2011.3.11 東日本大震災が、より安価で、より普及しやすいエコハウス「そらどまの家」を実現させました。
東京芸術大学（当時助教授）の奥村昭雄先生の指導の下に　自宅を使って空気集熱方式の OM ソーラーに取組んでから３５年、OM ソーラー協会が活動して２５年、さまざまなパッシブソーラーシステムを手掛け取り組んできました。
しかし、一軒 200 万円から 250 万円かかる現行のシステムでは、東北の震災復興住宅には役立たないと考え、限りなく単純で、限りなく安価なシステムを真剣に考え始めたのです。
約一年半の試行錯誤の結果は、市販品の 24 時間全熱交換型換気扇、センサー付きスイッチ、24 時間タイマー、モーターダンパー２台、手動ダンパー１台、の組合せでした。また、補助熱源には、ヒートポンプを使うことはこれまで通りでしたが、室内側の放熱器をエアコンではなく、輻射式ラジエーターを使うことで、システム全体の弱点をカバーするとともに、理想的な温熱環境を得ることができたのです。
結果は、戦後 60 年間の空気で暖冷房するエアコンをやめ、空気を使わない輻射式冷暖房を提唱することになりました。空気を動かさなければ、空気本来の断熱性を暮らしの中で役立たせることができるのです。また、暖房時の乾燥、冷房時の高湿度も解消できることになるのです。室内の粉塵を巻き上げることもなくなり、さらに湿度コントロールも自由になる可能性が高いのです。
こうして、「そらどまの家」のシステムの心臓部が整ったのです。
しかし、現行の住宅には建築本体の健全化に課題がありました。

- 構造用合板で囲ってしまった住宅は、透湿・通気のない空気環境をつくっている　→ **「呼吸する家」の実現**
- 断熱材の力が１部に限られているため、熱容量・輻射熱にたいして弱点を持つ　→ **「総合的な断熱工法」の実現**
- 調湿なしの断熱工法だけでは高温多湿・低温低湿の日本の気候に快適をもたらすことはできない　→ **「調湿性のある材料と工法」の実現**

「そらどまの家」は、これらの課題に対しても正面から取組み、省エネルギーだけではなく、人間にも建築にも、健康な家を実現していきます。
また、そのために「エコハウス研究会」を全国に組織し、それぞれの地域にあったエコハウス実現のために、技術者と研究者、そして施工者がそれぞれの経験を交流し学び合う機会を積極的に展開していきます。
私たちの技術と学びの原点は、私たち自身の歴史であり伝統です。一万年を超える住居の歴史は自然との共生の物語です。

現代住宅は、この共生の知恵に学ぶところから再構築して行かなければなりません。そこには無限の知恵があるからです。戦後の住宅開発はその評価を置き去りにしてしまったようです。

茅葺きの屋根は、夏涼しく冬温かかった。夏は気化熱、冬は乾燥して断熱効果があった。

土壁は、夏涼しく、冬温かい。屋根と同じ働きがある。また、囲炉裏からの輻射熱も木と土は良く跳ね返す。

太陽光発電と高断熱高気密だけではエコハウスはできない。
昔ながらの、電気や石油を使わないで暮らし続け、生き続けていた知恵や方法には、現代でも自然との付き合い方に多くの示唆を得ることができる。
木と土と草で作ってきた伝統民家には、そうした共生の哲学と知恵がふんだんに詰まっている。
土は、大気の変化と共に反応し毎日の暮らしを快適にしてくれる。
木材は緩やかな反応で四季の変化に対応する。どちらも頼りになる力持ち。
草葺き屋根は、夜露をいっぱい吸い込み、日が昇ると気化熱で屋根裏を冷やしてくれる。昔は屋根裏で蚕が育った。
コンクリートやレンガで被わない地面は、加熱しない。室内に涼しい風が入ってくる。

もくじ

「そらどま」は

太陽と地球が　住まいと暮らしを　やさしく包みます。
地球の恵みの素は　太陽の熱
その熱は　１億５千万㎞を駆け抜けてきた輻射熱です。

「そらどま」は

その輻射熱を　住まいに 採り入れ
その輻射熱で　採暖採涼をします。

太陽の恵み「**そら**」の熱と 地球の恵み「**どま**」の熱を
両手両足を背一杯広げて　受取る仕組みです。

そして、人と住まいの健康の素
「**呼吸する家**」をつくります。

「そらどま」＋「呼吸する家」＝「そらどまの家」

「そらどまの家」はオープンシステムです。
フランチャイズではありません。普及すること、そして自分流の味付けができてこそ、自分が使えるシステムと言えるのではないでしょうか。

そして、大切なことは フランチャイズのように一つのシステムを全国に普及しようというものではなく、その土地の微気候、それぞれの工務店の工法や技術力にふさわしい、きめの細かいパッシブな家づくりを創案し、皆様のものにしていただこうというものです。

このような考えこそがパッシブデザインの本質と考えています。
このような考え方に共感していただける設計者、そして工務店の皆様とともに家づくりをすすめようと皆様にお呼び掛けいたします。

竪穴住居から始まる一万年の住まいの歴史から学ぶ「蓄熱、遮熱、気化熱」を秘めた民家の知恵

外気温が12時に27℃。この日は晴れり雲ったりの天気であまり
気温は上がりませんでした。この時の室内環境は、22～25℃です。人間の体感温度は、（気温＋輻射温度）／2といわれていますので、23～24℃位で過ごせています。まったく冷房はありません。
屋根面の温度が40℃なのに、茅葺きの裏面は24℃です。屋根裏が涼しいのです。

■建物の周囲をコンクリートやタイルで覆わないこと、水分が出入りできる吸水性のあるものにすること。気化熱によって温度上昇を防ぐことができます。それは、夏に涼しい風を室内に呼び込むことにもなります。

■屋根を防水材で覆った現代住宅は、屋根からの日射熱をまともに受けてしまいます。
茅葺き屋根の知恵を、現代に生かすには、屋上緑化がもっとも導入しやすいです。木造でも安心して使えるのが30年保証のある「スカイプロムナード」です。

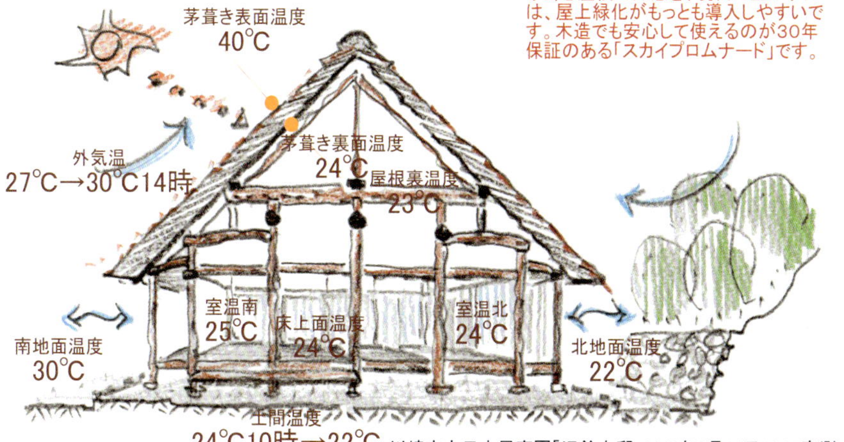

川崎市立日本民家園「旧鈴木邸」2013年9月14日12:00実測

■茅の吸湿性が気化熱を、土壁や土間の土が気化熱を、そして土にはさらに蓄熱力があり、外気温が徐々に上がっていっても室内温度はほとんど動かないのです。逆に、温度が上がるために気化熱が促進され、10時の測定に較べ12時では2℃も下がっていました。不思議なことが起きているのに驚かされました。

「土間は夏涼しく、冬暖かかった」そんなお年寄りの言葉が響きます。
地球上の動物たちは、寒い冬をどのように過ごして来たのでしょうか。その知恵に学んで見ましょう。南北を大きく移動しない動物たちのほとんどは、冬の寒さから身を守るために竪穴や横穴に入り、地球の地熱の加護を受けていたのです。
この温かい地中熱を見いだせなかった動物たちは、冬の寒さに負けて土に帰っていったに違いありません。私達の先祖は、越冬にことごとく成功して来たのです。
本当にありがたいことです。命の神秘です。
すぐに電気や石油やガスで、人工的に熱をつくり自分たちの都合の良い環境を得ようとした結果は、地球の温暖化を急速に加速してしまったのです。
本来、人間は愚かさよりも賢さが上回って来たはずです。

悩める現代住宅から　地球と共生する健康住宅へ

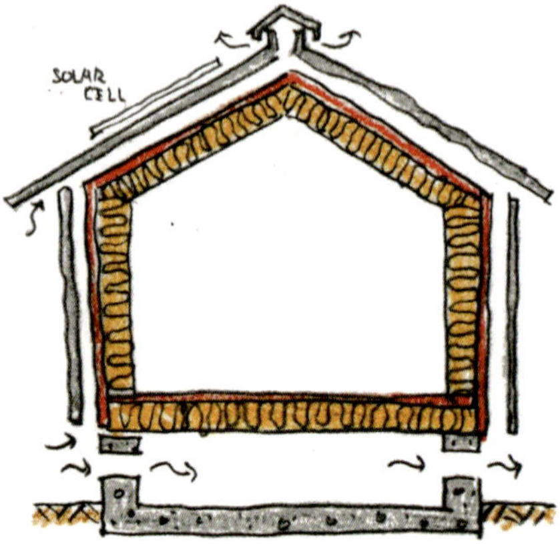

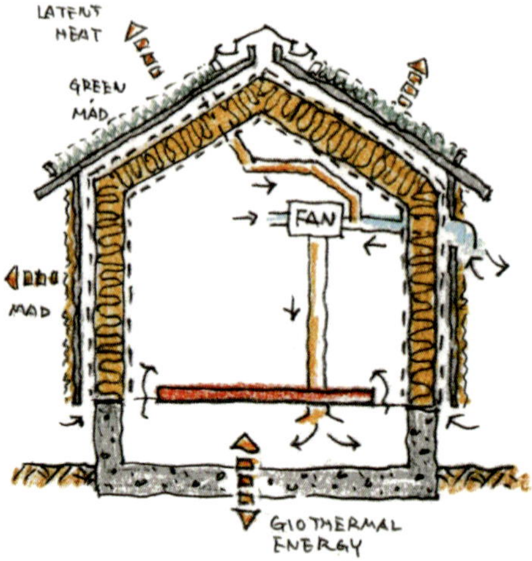

合板	合板の箱の家が健康に良いのか	無垢の木と土壁、そして草の家は透湿、通気する家
屋根と外壁	防水材を使うために熱負荷が大きい／透湿、通気しない	気化熱が作用し自然力だけで冷却する／透湿、通気する
壁の気密	気密を取ると壁体内の湿度が高まり乾燥できない	可変透湿シートを使うため、冬は不透湿、夏は透湿し壁体内の乾燥を維持する
床下	床下に外気が通るために熱負荷が大きい	床下は蓄熱コンクリートがあり室温の安定化を図る
地熱	床下換気のために無関係	蓄熱コンクリートと一体となって地熱の恩恵を受けている
窓	高気密高断熱（一種または三種換気）	ある程度の気密と高断熱 窓の隙間は室内換気の出口 室内加圧式の二種換気
サスティナブル	石油、電気など大量に使う建材を多用しているため資源の枯渇を促進している	木と、土と、草と竹でつくる家 光熱を最小限に使う建材の利用 例・焼成ではなく未焼成レンガ、磁器タイルではなくタタキや未焼成タイルなどを活用する
調湿	調湿力が弱い	土壁、木材、畳、未詳レンガなど調湿力の強い建材を多用している
遮熱	断熱材のみで熱の半分以上を逃がしている	断熱戸共に、遮熱に注意を払い総合的な断熱に優れている

呼吸する家のあらまし

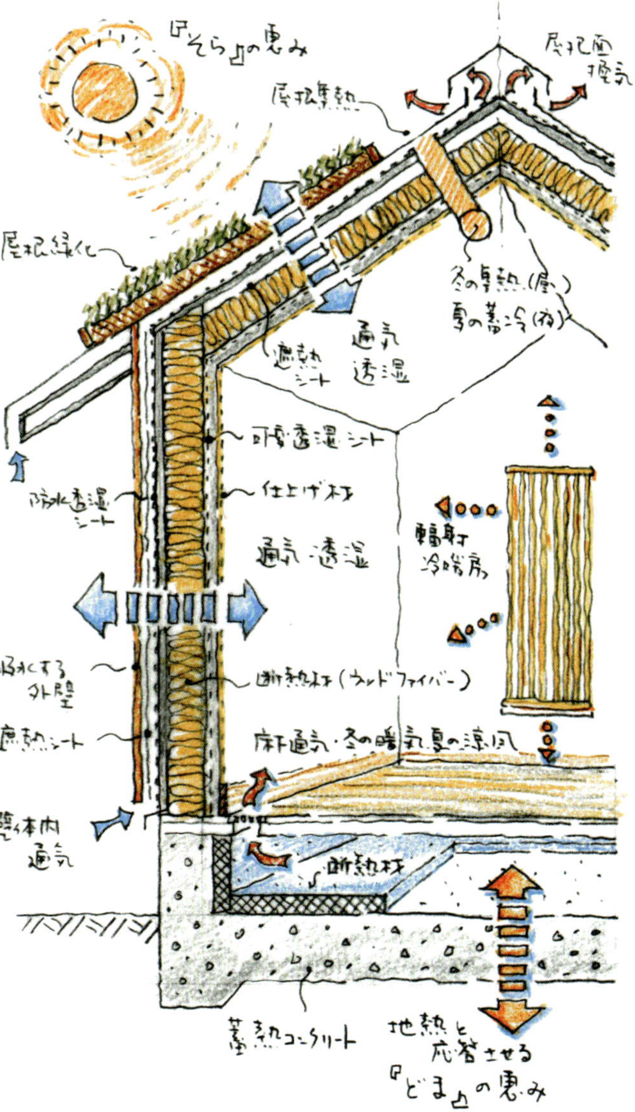

戦後の復興のための建設から、70 年余りが過ぎました。
1950 年につくられた住宅金融公庫、そしていわゆる在来工法の標準仕様もこの時代につくられました。優れたものをつくるというよりは、簡略に、短期につくれるようにしなければなりませんでした。
その結果、日本の戦後の住宅は 30 年足らずで壊され、建て替えられるようになってしまいました。
また、アルミサッシと新建材の住宅は、シックハウスを生み出しました。この原因は、化学物質によるだけではなく、呼吸できない家をつくっていたからでした。
「そらどまの家」再び地球と共に呼吸する家をつくります。
換気扇を回さなくてもきれいな空気が身体を包む家です。
空気感が違います。

そらどまの家

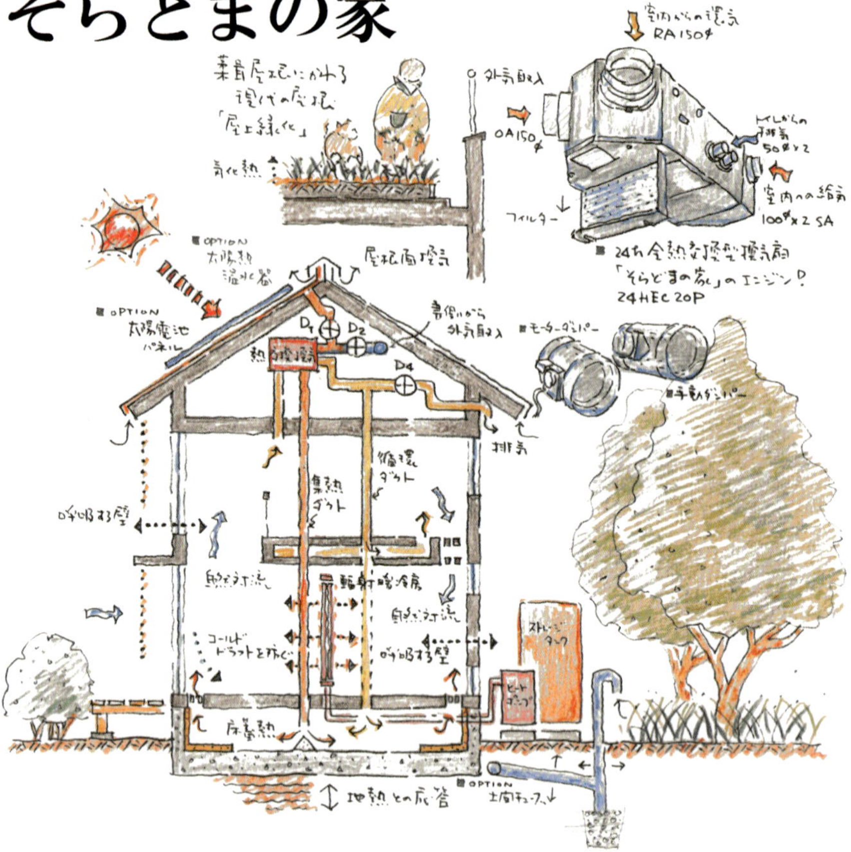

もっともシンプルでもっとも安価なパッシブソ−ラーシステムを追求しました。
それは、市販品を使ってのアセンブリシステム。誰もが当たり前に使えるものです。
それが「そらどまの家」の原理です。
補助熱源は、地域の気候によって異なりますので　答えはいろいろ。また、住み手によっても大きく異なりますので多様です。
設計の目標は、夏の冷房をしなくても暮らせる環境です。つまり、遮熱と調湿です。
古民家の知恵と技術はここにありました。
この大切な知恵と技術を、今あらためて現代住宅に継承しましょう。
この小冊子の目的は、ここにあります。

万人が使える万人の家づくり。
それが「そらどまの家」です。

初期段階の事例・宮城県仙台市の家１

■目的

太陽光発電パネルを屋根集熱パネルとして使った新しい試みをしており、同じ太陽エネルギーである太陽熱の吸収も普通の屋根材より効率が良いかどうかを調べることを主な目的する。

■対象家屋・特徴

・本ソーラーシステムでは、冬場の暖房目的に日中の屋根の熱を利用することを最大の目的としている。

・屋根集熱パネルの代わりに太陽光発電パネルを設置し、発電と集熱のハイブリッド利用を目指している。

・パネル下の熱は集熱ファンを使い床下空間へと送られるが、木造建ての家は蓄熱機能が低いため、熱容量が2,023 kJ/(m3 K)と優れた蓄熱材であるコンクリートを使い、蓄熱層として使用する。

■実験方法

温度計、湿度計を屋根の下、太陽光発電パネル下の他に各部屋の蓄熱層からの吹き出口に数ヶ月間設置し、太陽光発電パネルを屋根集熱パネルとしても利用できるかを温度計測によって調べる。

■実験結果

実験結果を右に示す。

屋根集熱のパワーPは、P=DTHSで見積もれる。ここで、冬の晴天時の温度差DT=30℃、空気の比熱H=1 J/(gK)、風量S=270 m3/hを代入すると、P=2.7 kW（最大）と求まる。

■考察

南中前後の時間帯において、太陽光発電パネル下の温度は、ガルバリウム鋼板屋根材下の温度よりも高い。これは前者の熱伝導率が高いのに対し、後者は熱伝導率が低いため一定の温度を保ち続けていると推測される。

図5より、蓄熱層に貯めた熱は約10℃以上を保っており、主に人の往来が多い階のリビングに送風していると思われる。逆にトイレなど人の行き来が少ない場所にはあまり熱が行ってない。

■結論

南中前後の時間帯において、太陽光発電パネル下の温度は、屋根材下の温度よりも高い。一方、夜間は逆となる。通常の屋根材の代わりに太陽光発電パネルを用いることによって、夜間や図3の雪の日は太陽光が当たらないためより温度が低下するが、送風ファンは停止状態となるので、問題にはならないと推測される。日中より高温が得られることは大きな利点である。よって、太陽光発電パネルは、通常の屋根材と同等以上に屋根集熱が可能であることがわかった。これにより、屋根集熱と太陽光発電を両立することが可能であり、電気と熱という太陽エネルギーのハイブリッド利用を実証したと言える。

■計測および評価は、東北工大齋藤研究室による。

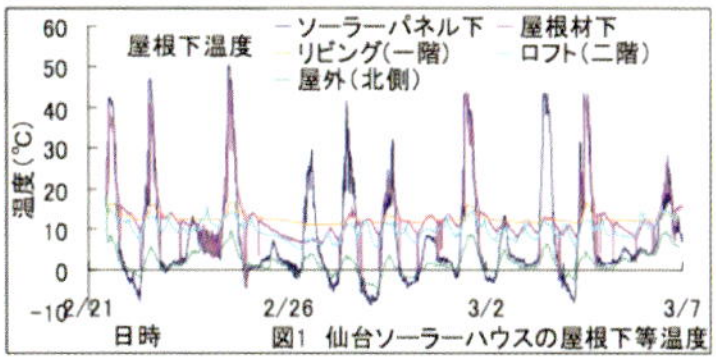

図1 仙台ソーラーハウスの屋根下等温度

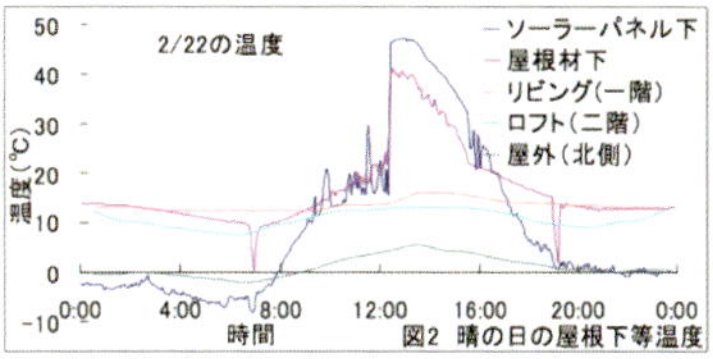

図2 晴の日の屋根下等温度

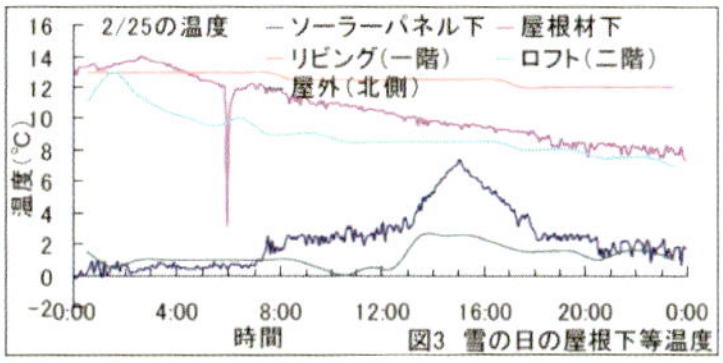

図3 雪の日の屋根下等温度

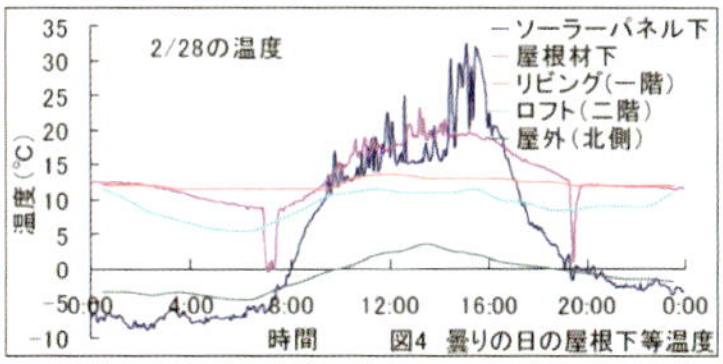

図4 曇りの日の屋根下等温度

室内空気排気口

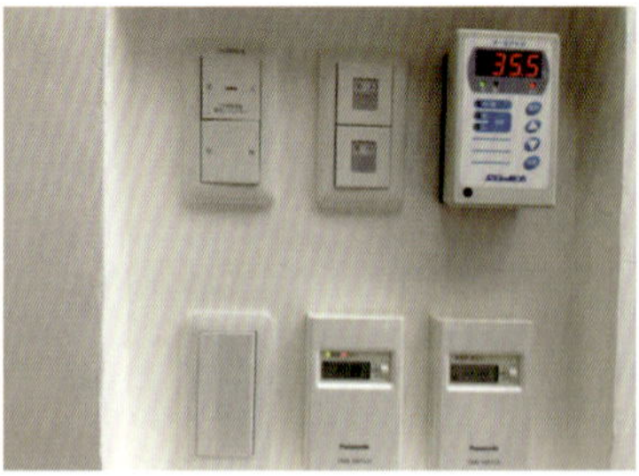

そらどまの家のコントローラー、リモコン

集熱ダクト取り入れ口

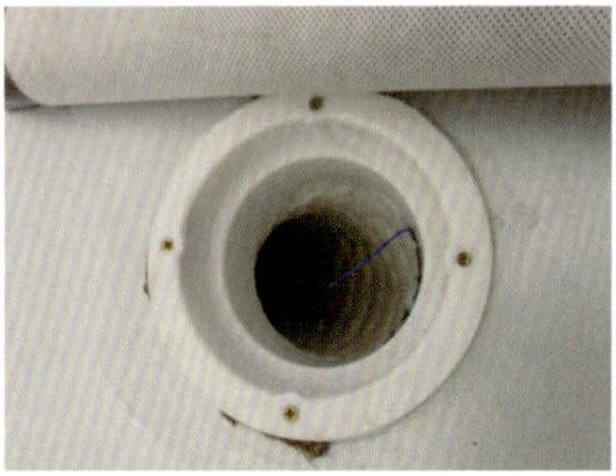

集熱口センサーを入れている

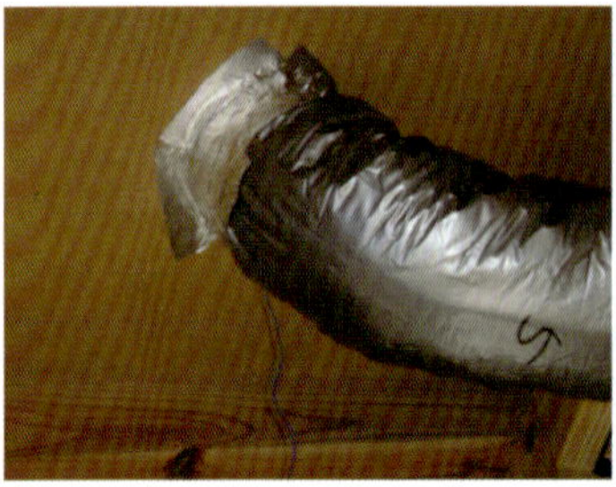

集熱ダクト

「そらどまの家」の解説をする丸谷

東日本大震災後の、仙台で｢そらどまの家｣第一号だった。
一般屋根からの集熱と太陽光発電パネル下からの集熱を試みた結果、太陽光パネル下からの集熱の方がわずかだったが高温で取り入れることができた。
このパネルは「野地ピタ」というもので屋根代わりとなるため、太陽熱を集熱するには都合が良かった。
この当時は、集熱方法の初期段階でその後さらに、効率よく改善していった。

屋根集熱面事例２ 神奈川県片瀬の家

集熱屋根の施工風景です。
この住宅では屋根集熱をたくさん取ろうとデッキプレートを空気の通り道に使っています。もじゃもじゃしているのはイーストルーフ通気メタルです。空気が瓦棒の下を横引きする所です。

集熱屋根で温められた空気は、最後にこの取入れ口に集められ集熱ファンに吸い込まれます。
そして、床下の蓄熱層に向かい夜に備えて蓄熱するのです。
左写真は、終焉つく雨期の吸込口です。結露水がダクト内に入らないように、シーリング材で土手をつくっています。

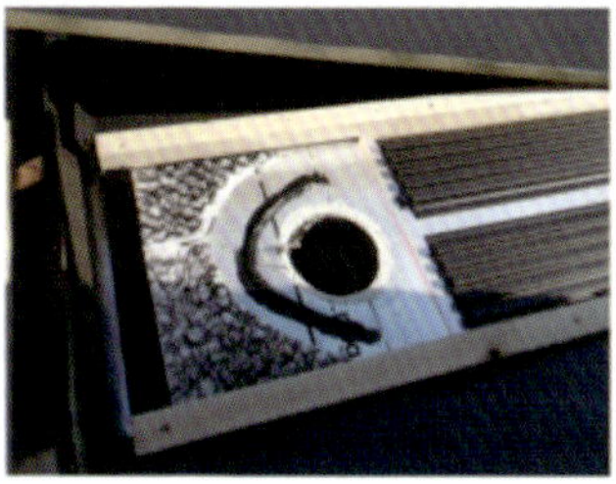

■「そらどまの原理」とは

「そらどまの原理」を一言で言うと?　OMソーラーを開発した時の初心です。冬でも熱く(50℃前後)なっている屋根裏の空気。あれで暖房したらどんなに温かいだろう。 そして、床暖房の快適さ。でも、温水や電気の床暖房は本当のことを言うと熱過ぎて、そこで一晩寝てしまうと喉が渇いて快適じゃない。もっと低い温度でやんわりと過ごせないかと。 それが、空気で温める床暖房OMとなる。
義務付けられた24時間換気もなんとかしたい。プラチナ光触媒を使うと0.5回換気を0. 4回換気でいいと国交省が認めている。
これは、省エネルギーになる。そして、空気もきれいになる。 さらに、加圧型24時間換気にすれば、すきま風がマイナスからプラスに転じる。 家中の空気が、アルキメデスの原理で等圧化され、理想的には均等に居室換気ができる。
そして、ローコストが普及の原点。
余計な組織は作らない。社員もいらない。造る責任は、施工各社で。メンテも施工各社で。 特別な機械はないからそれで充分に働くシステムなのです。
それだけではなく、屋根の集熱や換気に、他社にはない工夫がある。屋根面の夏の排熱換気は、機械ファンを動かさずに、自然対流で行なう。ここが、ミソといえる。OMソーラーの開発前からのノウハウがここにある。結局、一言では言えなかった。(笑)

■ローコストの簡単な秘密

「そらどま」はどうしてローコストなのでしょうか? それは、特注の機器を使わずに、また特別の制御も使うことなくシステムを構成しているからです。
そして、制御の代わりに「住まい手の知恵と参加」で助けていただいているのです。 機器の多くは、協立エアテック社のノウハウが 「そらどま」の考えにぴったりだったから実現したとも言えます。 あとは、センサー付きスイッチと24時間タイマー、それにちょっと知恵を絞った屋根集熱の仕組みに特徴があります。

■加圧式全熱交換換気とは

隙間風を無くす「加圧式全熱交換換気」って何でしょうか?
全熱交換換気扇を使い、空気の出入りの風量制御を行なうものなのです。 外部からの給気は、冬集熱できる時には屋根面から暖かい空気を取り入れ、その他の時には外気を取り入れます。地熱を利用した「どまチューブ」も可能です。 ここで、熱交換換気線の排気の一部を室内循環すると、室内を加圧状態にできます。 そうすると、家中のすき間から、理想的には均等に排出することができます。そのためには、余分なすき間をなくし気密度の高い施工が必要となります。できれば、木製建具を使いたいとの思いから、そのすき間を活かす発想が出発点となっています。これが、加圧式全熱交換換気の仕組みです。2種換気に近いものです。

■「どま」とは

「そら」のことは説明しましたが、「どま」の説明がありませんでした。
この10年、蓄熱コンクリート土間の下にいる大地と、室内環境とをダイレクトにつなげるべきか、分離すべきかを迷いつつ考えて来ました。 昔の竪穴住居は、土を掘ることにより焚き火だけで寒い冬をしのいでいました。北へ行けば行くほど土間を深く掘っていたのです。それは、地下3〜5メートルの夏冬の逆転層（温度的）を知っていたからです。
電気や石油がなくても1万年という長い月日を生き抜いて来たのです。
アイヌの人々は、地熱のお蔭で極寒期を生き抜いて来たのです。そのためには、焚き火を一年中欠かさないという慣行がありました。これは理論化できていませんが、焚き火が地熱を呼び込み、床下の地熱を引き上げるというヒートポンプ的な役割をしているのではないかと推測しています。素晴らしい、感に基づいた知恵です。

図はアイヌの暮らしを守ってきた竪穴住居「チセ」の構造を図解しています。

下図は、「地熱循環システムの家」から引用させていただいた温度分布図です。地熱の動きがよく分かります。

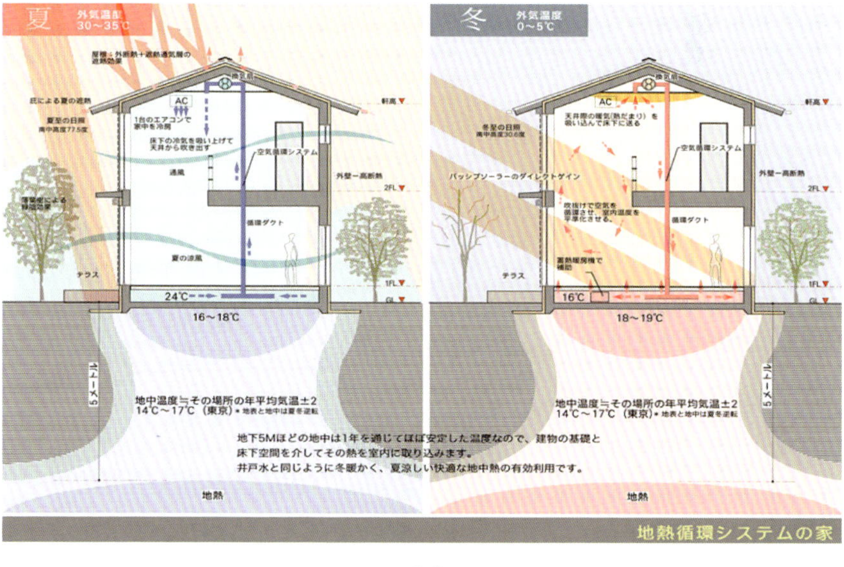

「呼吸する家」の実現

いつから住宅が呼吸できなくなってしまったのでしょう。
ずっと、「土と木と竹と草」で作り続けてきた住宅は、呼吸し続けてきました。
新建材、プリント合板、メラミン化粧板、焼成タイル、焼成レンガ、コンクリート、樹脂塗装、金属、ガラス。この辺りが呼吸を止めてしまったに違いありません。
ツーバイフォーで使い始めた合板。阪神淡路大震災後普及した壁面剛性のための合板張り外壁。アスファルトルーフィングや気密シートなども含めて、本来あった呼吸する家を呼吸できない家にしてしまったのです。

その結果は、シックハウスの蔓延。慌てて始めたのが24時間換気の義務づけ。
健康のためとは言いながら、力任せの法律としか言えません。本末転倒の典型です。
さて、文句は役立ちませんので具体的にして行きましょう。

「通気・透湿」する「呼吸する家」

室内のガス濃度が何かの原因で上昇すると、壁を抜けて外気に出て行く作用。これが通気です。また、室内の湿度が高くなると、湿度の低い外気に向かって水蒸気が出て行く作用。これが透湿です。当然、逆のことも起こります。外部の濃度が上がり、室内の方が濃度が低ければ室内に入って来ることにもなります。
都合の良いことばかりではありません。
しかし、多くの場合、健康な社会では、外気が健康の基本です。

ここで、もう一つ大切なことがあります。それは、壁や屋根の中の状態です。
壁の中や屋根の中は、毎日厳しい温度上昇があり夜には下降し、放射冷却もあります。また、かんかんできで温度が100℃を超えるほどに上昇した屋根材は、突然の夕立に襲われることもあります。激しい温度差は、結露現象を起こすことが目珍しくありません。こうした壁や屋根の内側の湿気が、乾く仕組みがないとすぐにカビが生じ、腐朽菌も繁殖してしまいます。また、シロアリに襲われる可能性も大きくなります。
人間も、建築も健康であるためには、薬剤で防腐するのではなく、「通気「透湿」する構造を作ることが根本なのです。
また、高温多湿低温低湿の日本では、暖冷房だけではなく調湿しなければ快適は得られません。大変根本的な課題がここにあるのです。それにしては、建築技術者の関心が薄いのは何故でしょうか。

土壁の調湿（引用資料／チルチンびと 22 号金田正夫氏の研究より）

図 6　湯本家の夏季の湿球温度

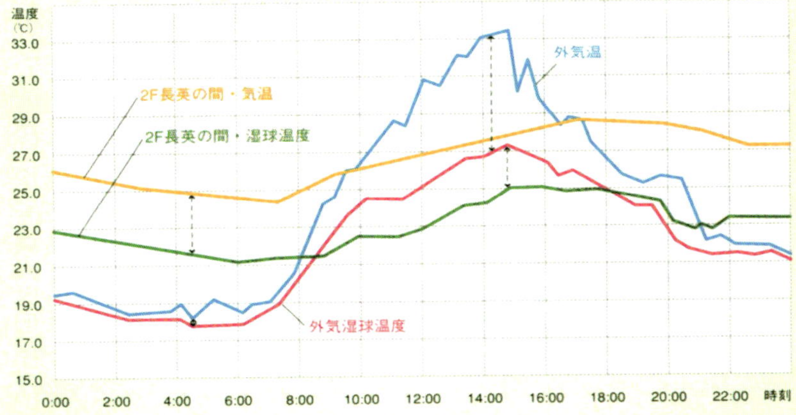

乾球温度は普通の温度計の温度のことです。湿球温度とは右図のような温度計で、水に浸したガーゼから水分が蒸発する時に周りから熱を奪うので温度計の目盛りが気温より下がります。この特徴を利用して空気中の湿度を測ることができます。

■上図のデーターは、建築家金田正夫氏が実測した木造３階建て土蔵造りの民家です。
２F 長英の間の室内温度と湿度の関係がすばらしいのです。乾球と湿球が平行しているのです。外気温は夜間にはほぼ同じ、昼間は開いています。この違いは土壁が夜間になると湿気を吸い込み、昼間になると吐き出していることを物語っています。

■右図のデーターは、ドイツの建築家ミンケ氏の著書「土・建築・環境」に掲載されているものです。
粘土ロームの吸湿力が、他の材料に比べて抜き出ていることが良く理解できます。
コンクリートやレンガは調湿力が大変低いことが分かります。また、木材のスプルースが、反応は遅いのですが、時間をかけてしっかりと吸湿する様子もうかがえます。

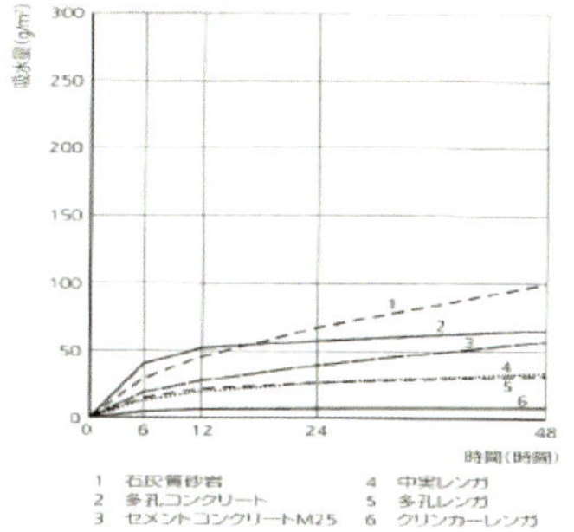

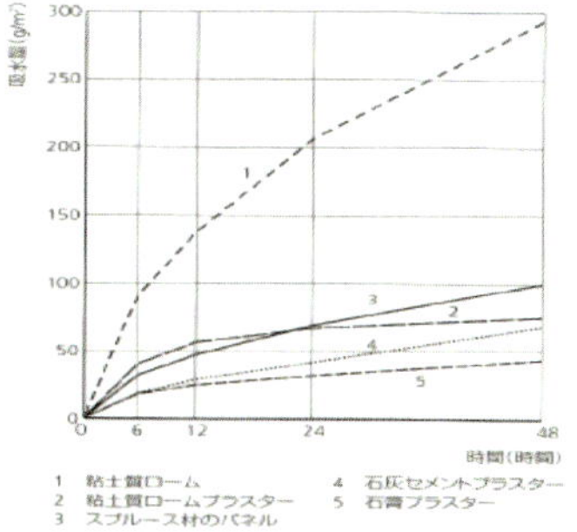

■土壁で被われている木材が腐食しない理由も、この吸湿力によるものです。土壁の中は相対湿度 40%以下に押さえられるため、腐朽の原因となる菌類や昆虫が生息し得ない環境がつくられているからなのです。

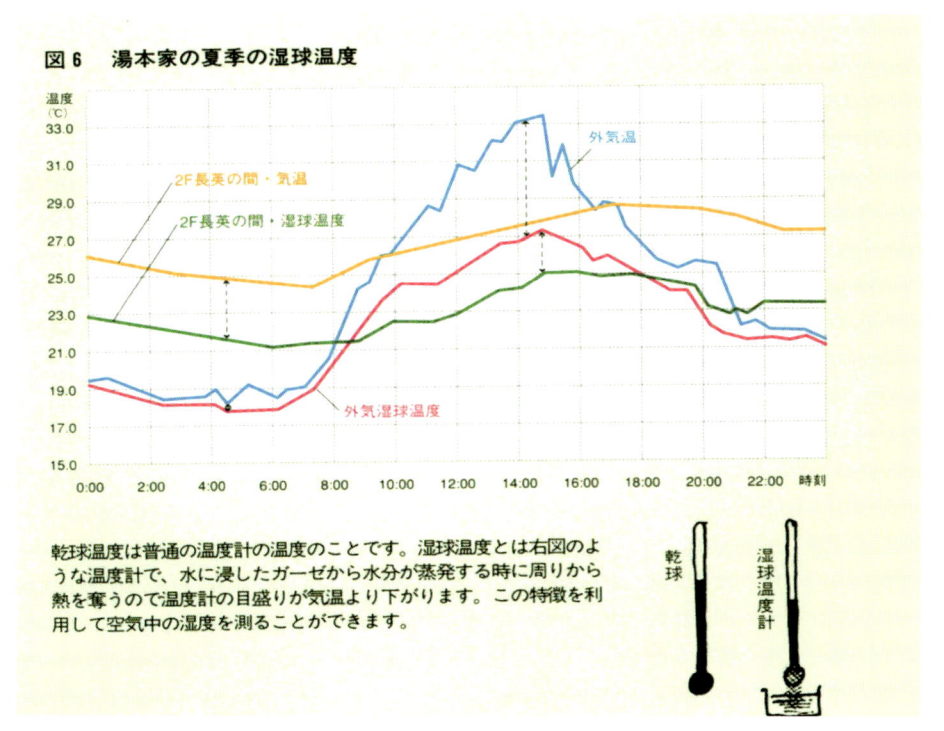

土の遮熱力

築200年の古民家に探る［群馬県吾妻郡六合村・湯本邸］
熱を蓄え、暑さを遮る、
厚い土壁と
大きな置き屋根
山あいの農村の風景。緑の木々の間に、ひっそりと佇む背の高い土壁の家。
今でも家族が仲よく暮らすその家は、ご先祖が丁寧に時間をかけてつくりあげたもの。
そこには現代の新築住宅には見られない、自然の温熱調整システムがあった。
文＝松川絵里　写真＝相原功

土壁に大きな屋根。白い薔薇。
まるで異国のような風景。

200年前、漢方医が建てた家。
外の暑さを感じない。

土の特徴は、熱伝導率は約 0.7W/m・K、水やレンガと近似している。木材の 4 倍、高性能 GW16k の 25 倍、空気の 29 倍くらい熱を通しやすい。しかし、熱容量は大きく 1600kj/m³℃。木材の 2 倍、高性能 GW16k の 80 倍となる。また、吸水力は大きく調湿性能に優れる。
この結果、土蔵造りは、厳しい自然環境の中にあっても季節的な変動はあるが、日変化に対して恒温恒湿の室内環境をつくることができる。
屋根は、置き屋根形式を取るのが一般で、この構造により屋根面からの輻射熱を完全に取り払うことができている。

引用資料／チルチンびと 22 号

高崎から上越・吾妻線で1時間半ほどのところに、群馬県吾妻郡六合《くに》村の赤岩集落がある。白砂川の狭い河岸段丘にこぢんまりと連なる町並みには多くの古い民家が残っており、昔話の絵本に出てきそうな風情である。

湯本さんのお宅は、築200年と集落の中でもとりわけ長い歴史を持っている。街道から木々の緑の向こうに見えてくる背の高い建物の、なんともいえない存在感には誰もが目を奪われるに違いない。重厚感のある黄土色の土壁、小さく穿たれた窓、バルコニーのような濡れ縁、そして壁をつたう白薔薇が、この建物を異国的なものに見せている。周りに建っているどの古い家とも違うし、いわゆる民家のイメージとはかけ離れた風貌である。

この家は、外部がすべて土で塗りこめ

上2点／集落を貫く街道沿いにはきれいに修復された土蔵が目立つ。「せがい造り」と呼ばれる、養蚕農家に特徴的なつくりの民家もたくさん残っている。低木の屋敷林や農地などが連なり、ほっとするような美しい風景だ。下右／2階、3階には濡れ縁がまわっている。養蚕が盛んなころには室内をめいっぱい使っていたので、人はこの濡れ縁で移動していたという。蚕の餌となる桑の葉の出し入れなどにも利用されていた。下左／開口部には「土戸」がつけられている。火事の際には、これを閉めて類焼を防ぐ。

民家では写真のようにバルコニーが外部に回っていることが多い。結果としては日射を一部遮る効果を生み出しているが、実際には、内部空間を養蚕に目一杯使うために、空間を節約する目的からこのような形となった。

引用資料／チルチンびと 22 号

図4　湯本家の夏季の温度分布

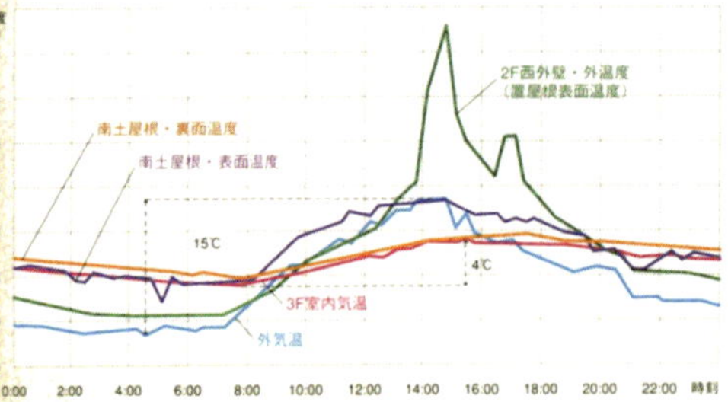

図2　湯本家の置き屋根詳細図

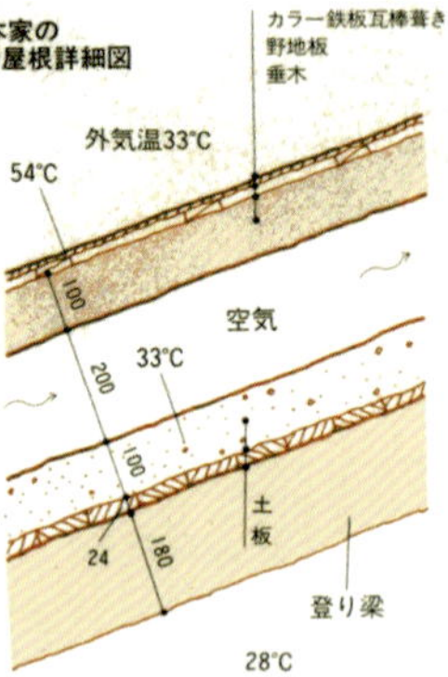

図5　湯本家の夏季の西壁温度分布図（グラフ）西壁断面と温度（図面）

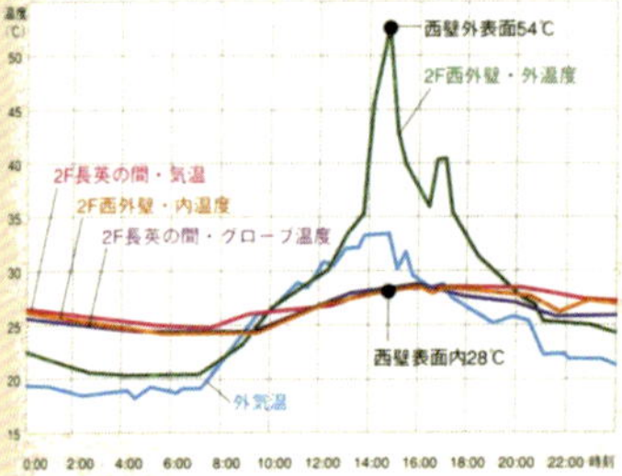

グローブ温度：図のような温度計で輻射熱を測るためのもの
輻射熱：空気を暖めずに透過してくる熱線（赤外線）が運んでくる熱エネルギーのこと

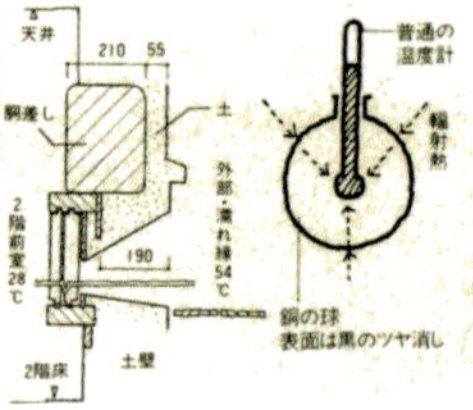

図3　断熱材を用いた家の屋根詳細図

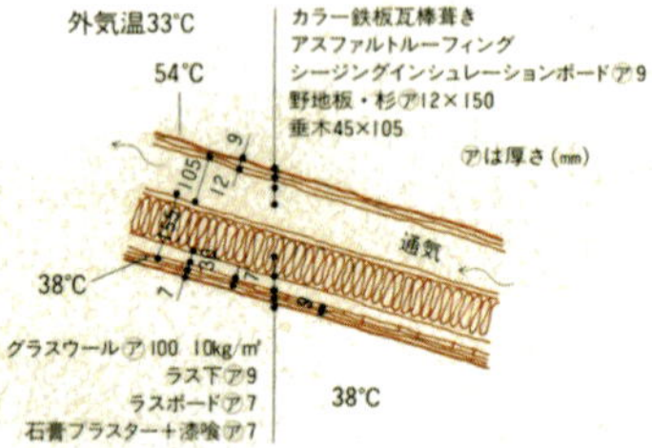

土蔵の資料保存力を科学証明——立命館

耐火性を持つ日本固有の建築物である土蔵が、資料を保存する能力にも優れていることが立命館大の調査によりこのほど科学的に証明された。1000点以上の文化財を持つ冷泉家の屋敷「時雨亭文庫」の土蔵を1年間調査した末の成果だ。

京都国立博物館の村上隆学芸部長は、京都の立命館大学歴史都市防災研究センターのCOEプログラムのもと、時雨亭文庫など土蔵2棟の温度と湿度の移り変わりを2010年3月から翌2月まで調査した。その結果、土蔵内の温度は1日を通して平均1℃、湿度は平均5％しか変動していなかった。外界の気温が20℃も上下した10年3月20日でも、土蔵内は5℃の上下に止まった。土蔵の扉が開いて外の空気が入っても、閉めて45分経つと元の状態に戻ったという。

現代の博物館では、収蔵品は気温 20℃、湿度 55～60％の状態で保管されている。土蔵内の年平均湿度は 70％で、気温も外界に合わせて小幅に変動するが、学芸部長は「湿度の高さだけで保存の善し悪しを論じられるのだろうか」（日経より）とコメントした。時雨亭文庫では、和歌の家元となった冷泉家にふさわしく、藤原定家の日記「明月記」が保管されてきた。

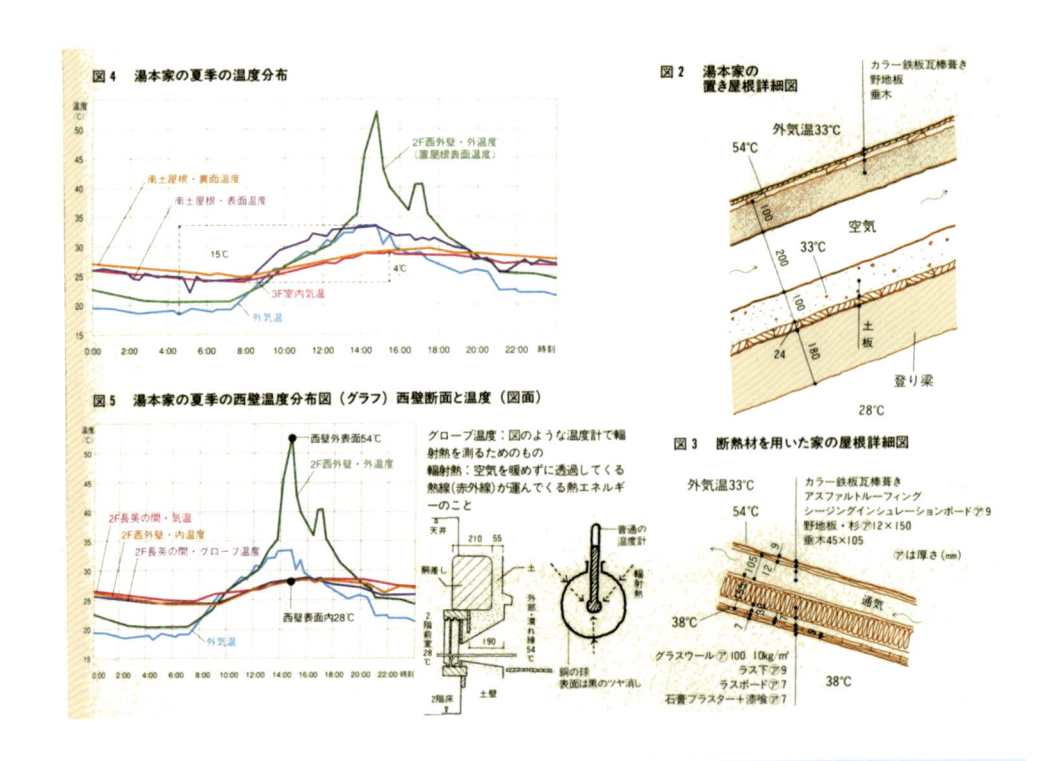

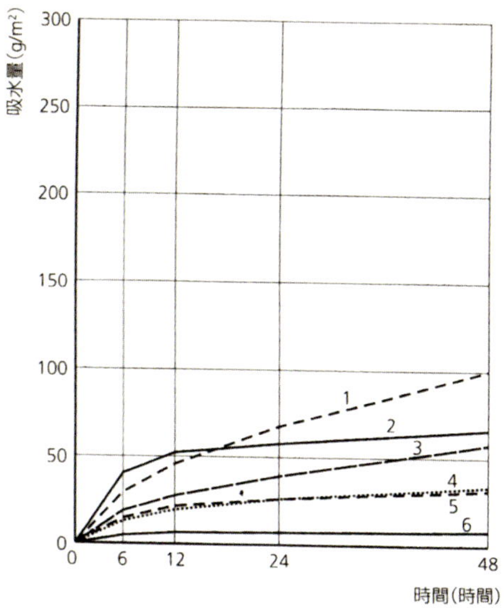

1　石灰質砂岩　　　　4　中実レンガ
2　多孔コンクリート　　5　多孔レンガ
3　セメントコンクリートM25　6　クリンカーレンガ

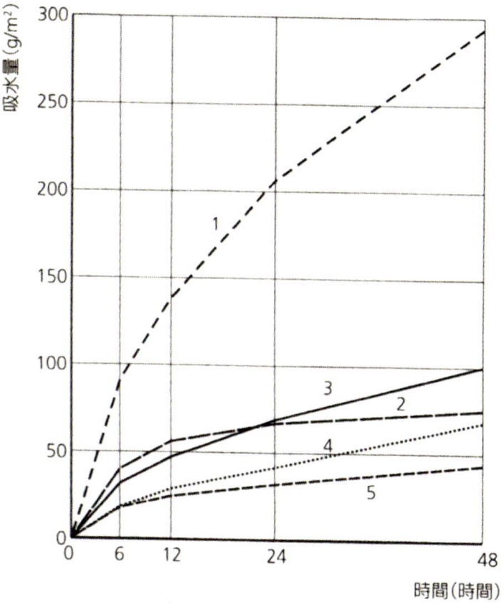

1　粘土質ローム　　　　4　石灰セメントプラスター
2　粘土質ロームプラスター　5　石膏プラスター
3　スプルース材のパネル

図1-15　各種サンプルの吸湿性（15mm 厚、21℃で湿度を急激に50％から80％に上昇させた場合）

ゲルノート・ミンケ著「土・建築・環境」から得られる理解はあまりにも基本的で根本的なものです。以下のデーターは本書より引用させていただきました。

まず、左図をご覧ください。下表の１粘土質ロームは抜群の吸水力です。2粘土質ロームプラスターではその1/4になります。土壁に漆喰を塗ったものとご理解ください。また、上表のレンガ、コンクリートを見ると、これも粘土ロームの1/10以下です。
焼成したものは吸湿力がなくなるようです。
下表の３スプルース材の動きが面白いですね。後ほど出てきます１６日間の吸水力を見ると分かるのですが、木材は数時間の湿度変化にすぐには対応できませんが、月単位や季節単位では、大きな役割を果たします。
古民家が、土と木でつくって来た建築の素晴らしい環境対応力をこれらのデーターから伺い知ることができるのです。

■未焼成レンガを使いましょう！

左上図の給湿力を見ると明らかに焼成したレンガは本来の年度の持つ給湿力が減衰しています。
ドイツでは、未焼成レンガの開発が進み、壁を埋める建材として汎用しているようです。
日本でも、ごく一部に未焼成レンガが生産されているようですが、まだまだ使う認識と、販売とが未成熟な現状です。
外構での活用も含め、土壁の能力を失わないレンガとしての活用が望まれます。

左図からは、11.5 ㎝という厚さの壁の吸湿力を 16 日間という長さで比べています。ここでも、粘土質ロームの力が発揮されています。藁入りでは少し落ちています。レンガ、コンクリートの力不足は明らかです。松材ですが、相変わらず木材は、遅いけど力強いですね。

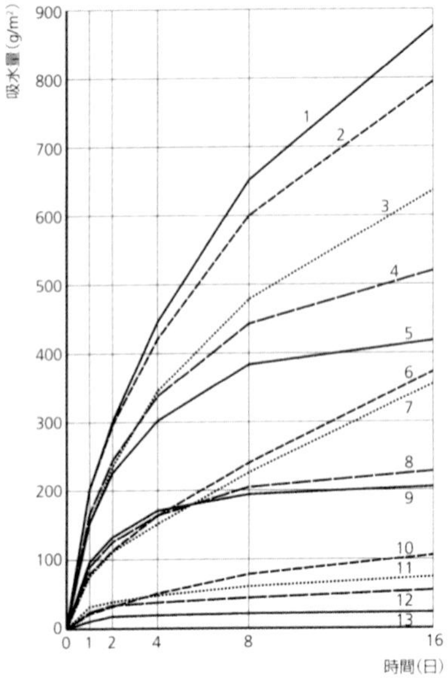

1　シルト質ローム
2　粘土質ローム（1900）
3　ワラ入りローム（1400）
4　ワラ入りローム（700）
5　ワラ入りローム（550）
6　マツ材
7　石灰砂レンガ
8　多孔コンクリート
9　膨張性粘土ローム
10　空洞レンガ
11　セメントコンクリートM15
12　多孔レンガ
13　中実レンガ

図1-16　吸湿曲線（11.5cm 厚の内壁の両面を21℃で湿度を急激に50%から80%に上昇させた場合）

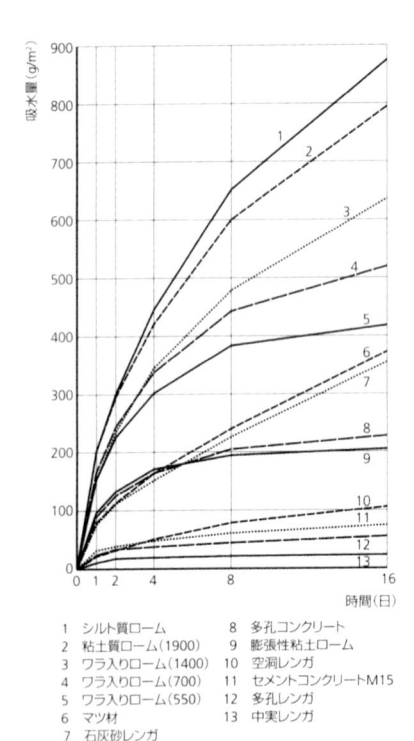

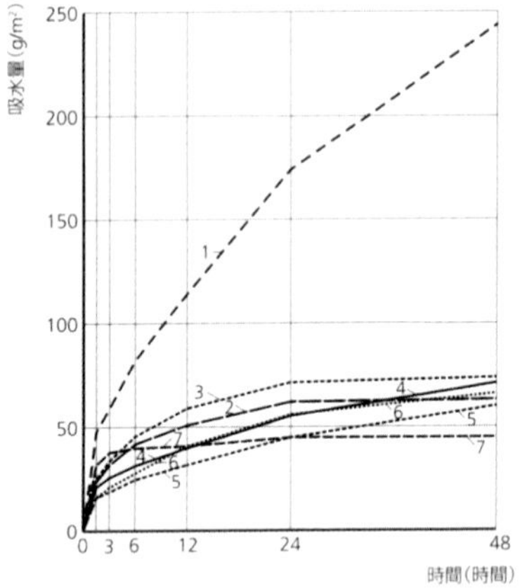

1　粘土質ローム
2　粘土質ロームプラスター
3　ココナッツ繊維入り
　ロームプラスター
4　スプルース材のパネル
5　リンバ材のパネル
6　石灰セメントプラスター
7　石膏プラスター

図1-17　吸湿曲線（1.5cm 厚の内壁の片面を21℃で湿度を急激に30%から70%に上昇させた場合）

右上図は、1.5 ㎝の厚さでの吸湿力を比較しています。多少条件が前頁と異なりますが、各種材料の傾向には変わりありません。
右下図は、ローム層の厚みでどのように変わるのかという誰もが知りたい内容となっています。
２㎝らか４㎝までは倍加していますか。４㎝から８㎝となると急激に厚さに比例して吸水力がますというわけには行きません。逆に言うと日本の真壁が 80 ㎝あたりですので、合理的な無駄のない厚さだということが分かります。

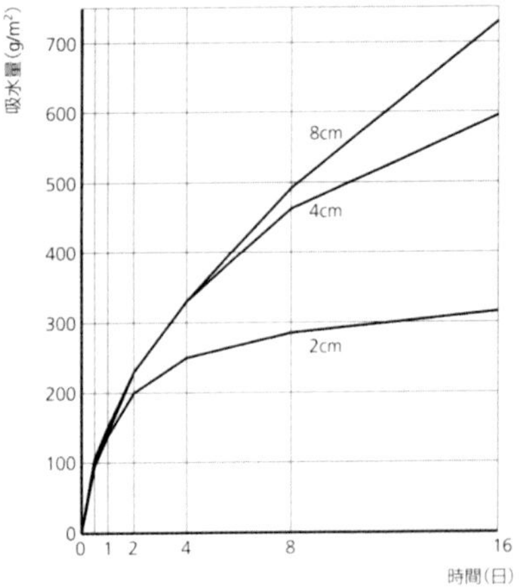

図1-18　吸湿速度に及ぼすローム層の厚みの影響（21℃で湿度を急激に50%から80%に上昇させた場合）

呼吸する家／屋根・外壁の構造

日本の木造住宅の長い歴史の中で
高気密高断熱の工法が多く採用されるようになったのは
ここ２０年ほどのことです。

壁や小屋裏を断熱材で埋め尽くし、室内側にはポリエチレンの気密シートを張り、柱の外側には構造用合板を張る。こうして呼吸のできない壁と小屋裏ができ上がりました。
外壁には防水膜が塗装されているのでその内側には通気層をとらなくてはならなくなりました。
続いて、阪神淡路大震災の経験から耐震性が重視され、柱の外側に構造用合板を張ることが普及しました。
ところが、この合板には透湿性がほとんど無くその外側に防水透湿シートを張って通気層に期待しても意味のない現状があります。
その結果、壁の内側には湿気が籠ってしまっているのです。
冬の結露、夏の結露、結露まで行かなくても高湿度の状態です。
そのままですと、壁の中はカビや腐朽菌が発生し構造体を腐らせてしまいます。
カビの発生しやすいのは 20～30℃、とくに 25℃前後で活発に発生します。但し30℃以上になると発生は衰え始め 36℃以上では発生が殆ど止まります。これは人間にとって快適と思われる温度と同じですね。
また、低温度でもカビは生えます。（好冷菌）冷蔵庫の中でもカビが生えるのは良く経験します。この点はダニと少し異なり、ダニは冷蔵庫の中ではせいぜい２週間しか生きられません。
空気中の水分が多いほどカビは発生します。空気中の相対湿度（RH）が 92％以上で生え方が著しくなるカビもありますが、多くは 80％（RH）から生えるカビです。
さて、壁の中や屋根裏にはカビの問題だけではなく、雨水の浸入という問題があります。現場の工事では、雨漏りするような施工をする好んでする職人はいませんが、どのように完全に施工したとしても、雨水の浸入はそう簡単には防ぐことはできません。コンクリートの打ち継ぎでさえ、雨水がはいってくるのです。重力によるものではなく気圧差で生じる雨水侵入です。木造建築にはそのような意味では穴だらけと言って良いでしょう。したがって、重要となるのは、侵入した雨水が乾く仕掛けができているかが、建築の寿命を決定することになります。
ここで再び、「呼吸する家」の構造が再評価されるのです。
「呼吸する家」は、湿気が籠もらないだけではなく、空気質が健全に保たれます。室内で特定のガス濃度が上がるとそのガスは、濃度の薄い外気へと排出されるのです。

土壁とバウビオ

バウビオの主成分は、ゾノトライト系珪酸カルシウムです。ゾノトライトとは、二酸化けい素（SiO_2、原料としてはけい石）・酸化カルシウム（CaO，原料としては石灰）・水　（H_2O）の3成分から形成される珪酸カルシウム水和物の一種です。また独自の製法により、ゾノトライトの繊維状結晶をまりも状に絡合させた、ゾノトライト二次粒子を製造し，各種製品の主成分にしています。
このゾノトライト二次粒子を主成分とした成形材料は

1. 無機材料であるため燃えない
2. 耐火性・断熱性・保温性といっ、熱を伝えにくくする性質を有する
3. 軽量で強度があるため加工性に富み、意匠材料としての適性が高い
4. 材料の多孔質性が、湿度を調整する性質を有する
5. 生体溶解性が高く（体内で溶けやすい）、人体に安全である

といった様々な性質を有し, 工業用プラントの温熱配管などの保温断熱材、建築用の鉄骨耐火被覆材、建築用の不燃意匠内装材、湿度管理が必要な保存空間への調湿建材などがあります。

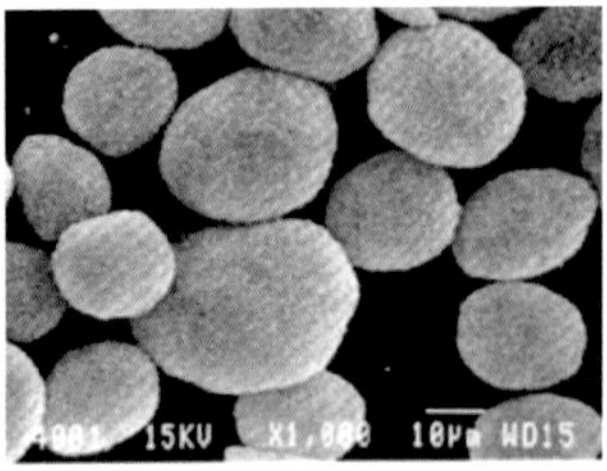

走査型電子顕微鏡写真
／保温材向けゾノトライト二次粒子
（中空粒子）

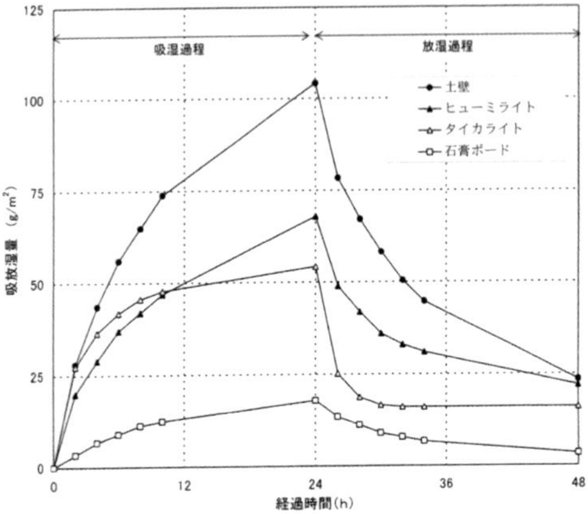

図1　吸放湿量測定結果

測定方法　JIS A 1470-1(2002)「調湿建材の吸放湿性試験方法－第1部：湿度応答法－」
温湿度条件　中湿域：23℃、53%RH(養生)→75%RH(吸湿過程)→53%RH(放湿過程)

表1　吸放湿量測定結果

試験体			吸湿過程（h）							放湿過程（h）						吸湿量 24h値 (g/m²)	放湿量 24h値 (g/m²)
材料名	厚み (mm)	密度 (g/cm³)	0	2	4	6	8	10	24	26	28	30	32	34	48		
			吸放湿量 (g/m²)														
土壁	20	1.7	0	28	44	56	65	74	104	78	67	58	50	45	24	104	81
ヒューミライト	12	0.67	0	20	29	37	42	47	68	49	42	36	33	31	22	68	46
タイカライト	15	0.43	0	27	37	42	46	48	54	25	19	17	16	16	16	54	38
石膏ボード	12.5	0.67	0	3	7	9	11	12	18	13	11	9	8	7	3	18	15

ヒューミライトは、バウビオの調湿性をさらに高めるために、複合的に調湿材を添加したものです。美術館、博物館の収蔵庫や展示ケースに使われています。左図からは、土壁には勝てませんが、高吸水力を示しているヒューミライトの様子が分かります。
現在は、さらに調湿性能を向上させた「ニューヒューミライト」として販売されています。
注／左上図タイカライトは内装用バウビオ調湿Ｔと同じ成分です。

土壁の厚さと
土壁仕上げの乾式工法を試みる

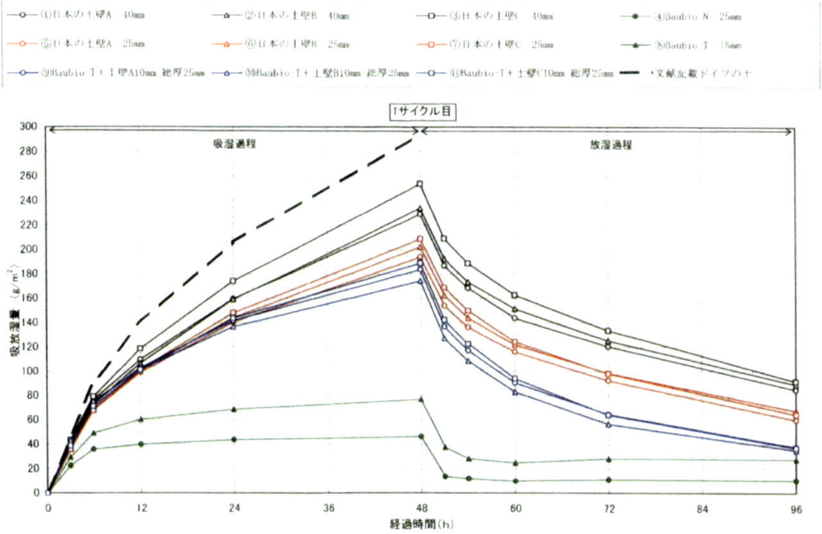

図1　土壁とBaubioの吸放湿量測定結果

測定期間　：　2013/9/3〜2013/9/7
測定方法　：
温湿度条件　：　21℃，50%RH（養生）→80%RH 48h（吸湿過程）→50%RH 48（放湿過程）

表1　土壁とBaubioの吸放湿量測定結果

試験体			1サイクル目											1サイクル目	
材料名	厚み（mm）	密度（g/cm³）	0	3	6	12	24	48	51	54	60	72	96	吸湿量48h値（g/m²）	放湿量48h値（g/m²）
			吸放湿量（g/m²）												
①日本の土壁A 40mm	55.1	1.24	0	43	76	110	160	229	187	169	144	120	85	229	144
②日本の土壁B 40mm	43.9	1.42	0	41	72	107	159	234	193	173	152	125	89	234	144
③日本の土壁C 40mm	43.5	1.47	0	43	79	119	174	254	209	189	163	134	92	254	162
④Baubio-N 25mm	26.3	0.15	0	23	36	40	44	47	14	12	10	11	11	47	36
⑤日本の土壁A 25mm	35.2	1.10	0	36	68	99	141	194	154	137	116	93	60	194	134
⑥日本の土壁B 25mm	24.3	1.25	0	38	69	100	145	203	163	145	122	99	68	203	135
⑦日本の土壁C 25mm	23.1	1.31	0	36	68	102	149	209	169	150	125	99	65	209	144
⑧Baubio-T 15mm	15.4	0.43	0	30	49	60	69	77	38	29	25	29	28	77	49
⑨Baubio-T+土壁A10mm 総厚25mm	25.3	0.84	0	42	74	103	142	184	137	117	91	65	38	184	146
⑩Baubio-T+土壁B10mm 総厚25mm	24.1	0.82	0	43	75	102	137	175	128	109	83	57	36	175	139
⑪Baubio-T+土壁C10mm 総厚25mm	24.8	0.88	0	39	71	101	144	189	143	123	94	64	37	189	152

日本の土壁Aの試験体（①と⑤）は，裏面の石こうボード（12.5mm）込みの厚みであるため，土壁B及びCより厚みが厚くなっているが，土壁自身の厚みはほぼ同じである。

			土の配合	土	ワラ	砂
1	土壁　中塗り仕上げA	t40		10	10	10
2	土壁　中塗り仕上げB	t40		10	5	10
3	土壁　中塗り仕上げC	t40		10	1	10
4				土	ワラ	砂
5	土壁　中塗り仕上げA	t25		10	10	10
6	土壁　中塗り仕上げB	t25		10	5	10
7	土壁　中塗り仕上げC	t25		10	1	10
8				土	ワラ	砂
9	バウビオ下地に中塗り仕上げA	t10		10	10	10
10	バウビオ下地に中塗り仕上げB	t10		10	5	10
11	バウビオ下地に中塗り仕上げC	t10		10	1	10

土壁の吸水力をドイツの計測データーと同じ条件で計測した。その結果、40㎜、25㎜、そして乾式工法を展望して、バウビオT15㎜に10㎜の土を塗ったものを比較した。このデータに感動。土を塗らないバウビオTとの差が大変大きい。改めて、土（粘土）の計り知れない力を実感させられた。この土は群馬県赤城山麓で産出したもの。

総合的な機能をもつ「バウビオ」を使用した
「そらどまの家」の「呼吸する壁」の詳細

バウビオは、1000℃／3時間の加熱に耐える耐火性の強い「ゾノトライト」と呼ばれる建材です。
ケイ酸カルシウムを基材としています。
木造の準耐火構造、耐火構造の認定を取得しています。

調湿建材としての性能に優れ、室内の湿度変動を抑制します。
また、通気性があり、室内の空気質の改善にも効果があります。

そして、断熱材としては、バウビオNは熱伝導率0.047W/m・Kではありますが、遮熱効果があり
総合的な断熱効果には大変優れたものがあります。

岐阜県の老人施設や住宅でその効果が実証されています。

■外張り遮熱断熱不燃材「バウビオ断熱N」厚25mm

外張り断熱として外周壁に張ります。壁倍率はとれないので、筋交いで耐力壁とします。
断熱と遮熱の力で、呼吸のできる家が実現します。

■調湿内装不燃材「バウビオ調湿T」厚15mm

バウビオの中でもとくに、調湿性能に優れた建材です。美術館や博物館の調湿ボードとして
姉妹品が使用されています。

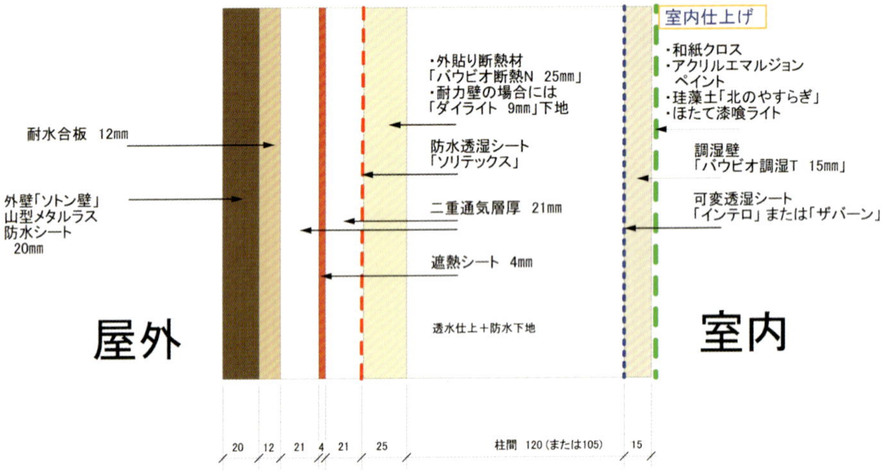

断熱材

土壁に代わる断熱調湿建材「バウビオ」を使用した「そらどまの家」の乾式工法の「呼吸する壁」。室内側には透湿抵抗が小さいプラスターボードを使うこともできる。仕上げには同じように透湿抵抗が小さいものでしたら推奨建材以外も使用可能です。土壁を塗ればさらに高性能となる。断熱材は、調湿性能・熱容量のあるウッドファイバーを推奨します。詳細は断熱材のところで解説します。熱容量が大きい断熱材、調湿材、吸音材という多目的な機能を持つものです。そして、なによりもサスティナブルなライフスタイルにぴったりです。

呼吸のできる家　呼吸のできる家の検証実験

【実験方法】

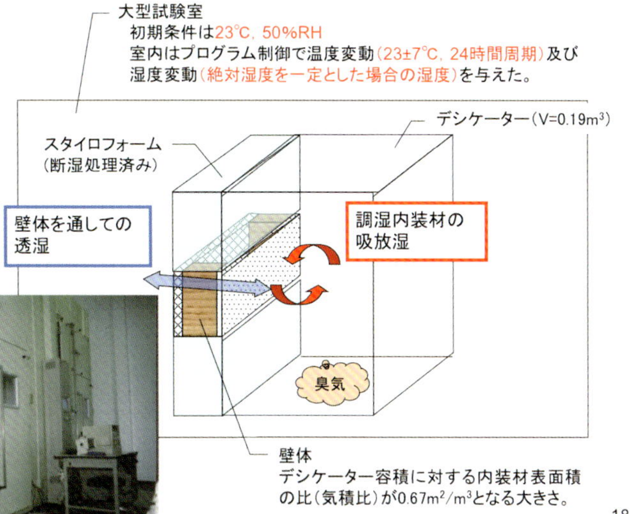

図8　実験概略図

18

呼吸のできる家　呼吸のできる家の検証実験

【ホルムアルデヒドでの実験結果】

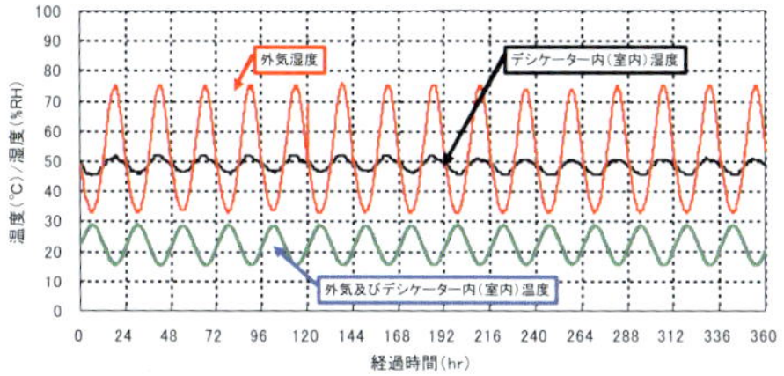

図9　実験結果(温湿度変動)

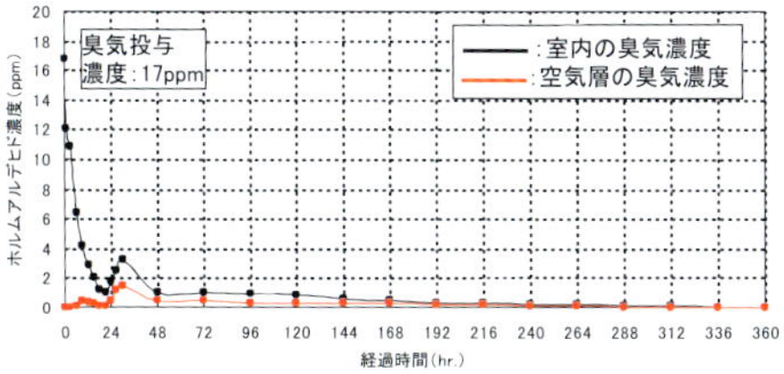

図10　実験結果(臭気濃度)

温度変動を与え，外気湿度を大きく変動させた条件であっても，室内の湿度変動は抑制されていた。

室内及び空気層(軸組部分)の臭気濃度は，室内温度変動と同様の動きをする傾向が見られた。

時間経過に伴い臭気濃度は低くなり，360時間経過後にはほぼゼロになった。

19

【アンモニアでの実験結果】

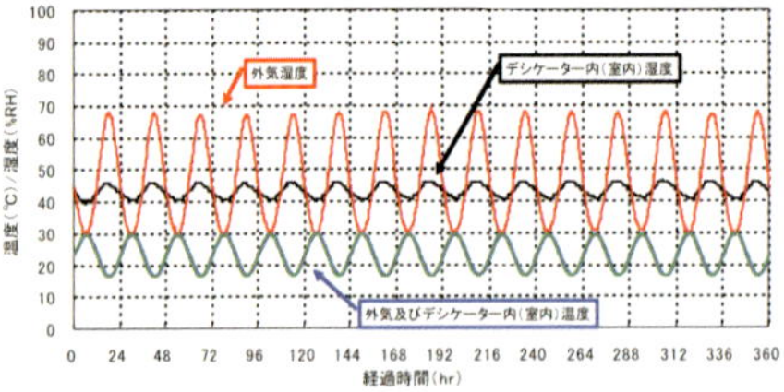

図11 実験結果(温湿度変動)

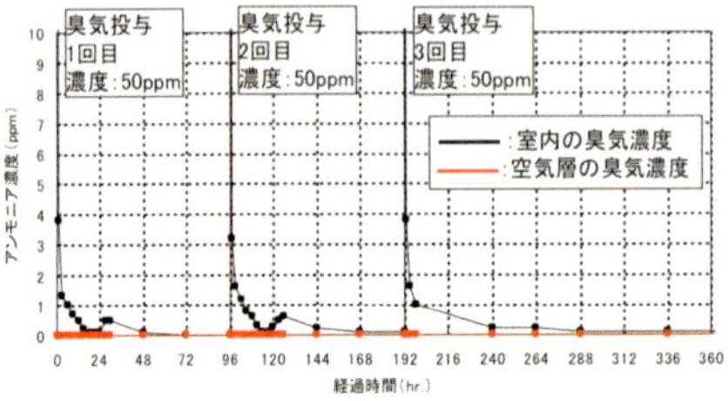

図12 実験結果(臭気濃度)

ホルムアルデヒドの場合と同様に,時間経過に伴い臭気濃度は低くなった。

定期的(96時間毎)に臭気を追加しても,時間経過に伴い臭気濃度は低くなり,最終的にはほぼゼロになった。

20

【Baubioの臭い透過メカニズム】

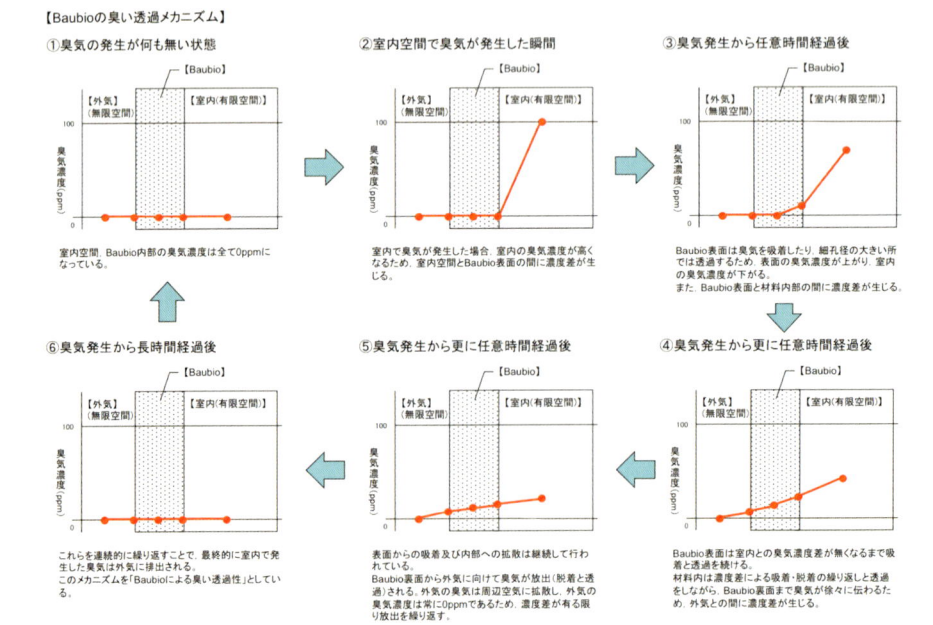

①臭気の発生が何も無い状態

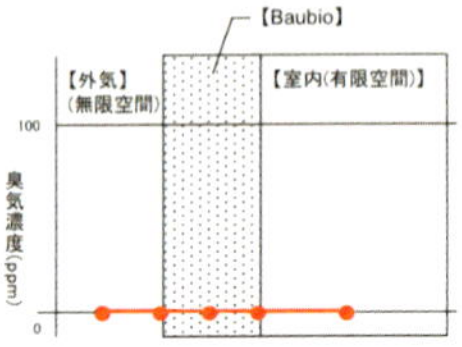

室内空間,Baubio内部の臭気濃度は全て0ppmになっている。

②室内空間で臭気が発生した瞬間

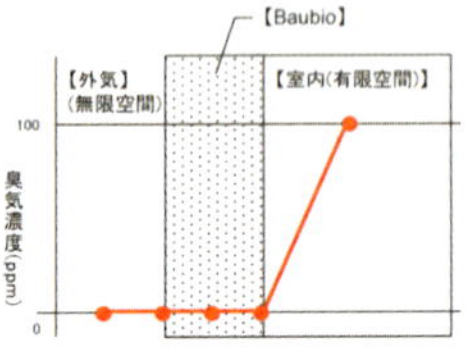

室内で臭気が発生した場合,室内の臭気濃度が高くなるため,室内空間とBaubio表面の間に濃度差が生じる。

③臭気発生から任意時間経過後

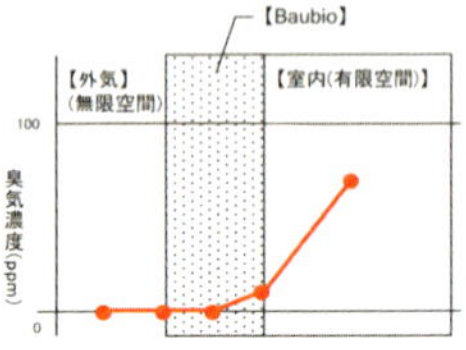

Baubio表面は臭気を吸着したり,細孔径の大きい所では透過するため,表面の臭気濃度が上がり,室内の臭気濃度が下がる。
また,Baubio表面と材料内部の間に濃度差が生じる。

④臭気発生から更に任意時間経過後

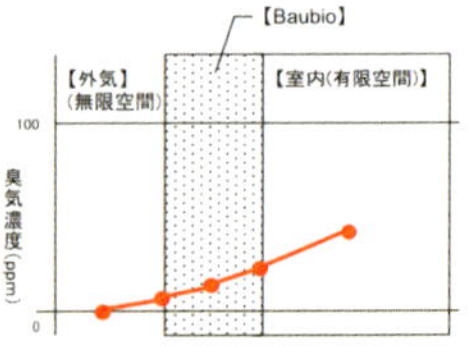

Baubio表面は室内との臭気濃度差が無くなるまで吸着と透過を続ける。
材料内は濃度差による吸着・脱着の繰り返しと透過をしながら,Baubio裏面まで臭気が徐々に伝わるため,外気との間に濃度差が生じる。

⑤臭気発生から更に任意時間経過後

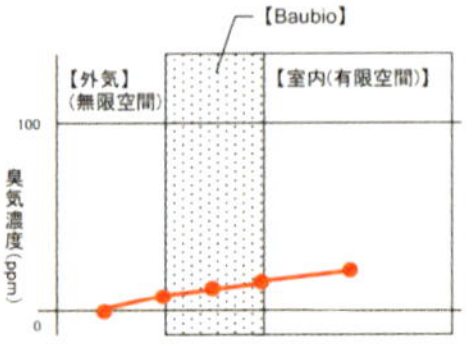

表面からの吸着及び内部への拡散は継続して行われている。
Baubio裏面から外気に向けて臭気が放出(脱着と透過)される。外気の臭気は周辺空気に拡散し,外気の臭気濃度は常に0ppmであるため,濃度差が有る限り放出を繰り返す。

⑥臭気発生から長時間経過後

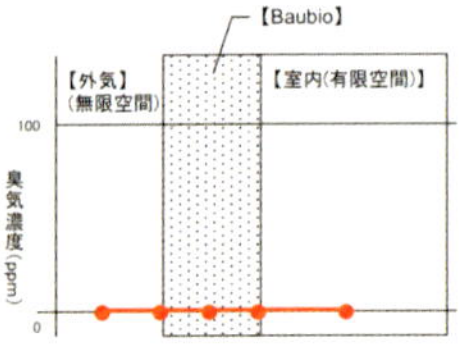

これらを連続的に繰り返すことで,最終的に室内で発生した臭気は外気に排出される。
このメカニズムを「Baubioによる臭い透過性」としている。

呼吸する家／現代版の「置き屋根」
それは、草屋根

日本の住宅のなかで長い時間をかけて培われてきた屋根
それは、竪穴住居から始まっていました。最近の調査で判明したことは、ほとんどの竪穴住居が土を載せ、緑化されていたことです。

ヨーロッパでは、建て売り住宅で草葺き屋根が使われているそうです。それも、一軒ではなく集合体として、嬉しくなる知らせです。
土壁の中の木材、竹、縄が百年、二百年経っても腐っていないことは、古民家の解体現場で良く直面することです。本当に驚かされます。
私たちが気づかないでいる自然の原理に改めて気づかされるのです。そして先人達の洞察の深さに頭が下がります。

現代技術は、とても一面的な技術と言えます。
たとえば、屋根です。現代では、屋根材は防水材に変わってしまいました。熱的には最悪です。
水分を含まないため、太陽光が当たるとあっという間に温度が上昇してしまいます。その熱さを防ぐために高断熱をしています。しかし、残念ながら断熱材は熱を伝える速度を遅くするだけです。温度を下げることはできません。

草屋根は、植物が含む水分により気化熱で屋根温度を下げてしまいます。
太陽のエネルギーを使って冷房しているのです。
外壁も同じです。現代では防水がほとんどです。これも温度上昇を生み出します。
また、高断熱で対抗しています。しかし、屋根と同じように温度上昇は避けられません。悲しい技術ですね。電気を使いエアコンで対処するしかないのです。

私たちは、自然の力をめいっぱい利用しましょう。せっかく太陽と地球が用意していてくださるのですから。「エコハウスの作り方」は、自然の恵みを精一杯活用することです。電気、石油など地球環境に大きな病気を生み出す原因を増やすのは止めにしましょう。持続可能な環境共生型の建設の姿を思い浮かべ実践しましょう。勇気と英知がそれを進める原動力です。さらにその原動力のエネルゲンは心ですね。地球と人類、あらゆる生物が共生できる愛情と思います。言い訳の技術は今日から止めにしましょう。心の技術を築き上げましょう。

屋根緑化がつくりだす住環境

20130928

一級建築士事務所　YURI　DESIGN　　前田　由利

地表の皮膚移植

樹木や草花に覆われた地表は、いわば地球の皮膚で、そこで温湿度の調整が行われ、
さまざまな生命を育みます。
地球環境を守るとは、もともと地球に備わったこの完璧なシステムを保全することです。
しかし、人間が、その地表を剥ぎ、建物を建てます。
せめて、その建物の上に、地表を皮膚移植しよう、それが、屋上緑化、屋根緑化です。
建物を紫外線や、太陽の熱から守る、究極の外断熱でもあります。降雨時に保水して時間差ができるので、都市洪水も緩和します。
憩いの場にもなります。蝶やトンボがやってきます。
空から見たときに、都市が緑で覆われていたら、もう、ヒートアイランド現象の心配をすることはありません。
ということで、ビルも集合住宅も戸建も、みな緑化できれば良いと思います。

各地の屋根緑化

ビルの屋上緑化は、百貨店の屋上庭園など、日本でも100 年以上前から存在します。
木造の傾斜屋根の緑化は、北欧では、民家といえば、ログハウスに生の草の付いた土が載っていて、オスロの民家村では、１２世紀のものも現存していました。
自然を心から愛するノルウエーの人たちは、今は、ホームセンターで緑化キットを買って屋根に載せ、自然の修景になじませていました。
ドイツでも、エコロジー建築、と言えば緑化は当たり前です。
少し形は違いますが、日本でも中部以北に「芝棟」があり、茅葺民家の棟部分に床を作り、土を載せ、乾燥に強い植物を植えてその根で土をホールドさせて、棟の雨仕舞の方法として、利用されていました。70 年間ノーメンテナンスでも、芝棟からの漏水がないそうです。屋根の上に、ユリやイチハツなどの花が咲く、とても素敵な景色です。

草屋根運動（http://kusayane.com）

15 年前の自宅から始まって、屋根を緑化した木造の住宅などが、45 件が完成しました。日ごろ、各地の建築関係者から木造傾斜屋根緑化について問い合わせがあるのと、45 件とはいえまだまだ少数派の草屋根の施主の情報交換の場として、2010 年 10 月に「草屋根の会」を発足しました。現在会員が 100 名弱ですが、年に３回の研究会、数回の施工現場見学会、草屋根たよりの

発行など、草屋根の普及活動をしています。
温暖化が進むにつれ、夏をいかに快適に過ごすかということで、屋根を緑化することについて、施主の関心は高まる一方です。ちなみに屋根を緑化したとき、夏場の屋根からの熱の侵入量は、アスファルトシングル葺きの２０分の１になります。
屋根を緑化することの良いところ、解決すべきところなど、いろいろな立場の人が率直に意見交換し、研究し、社会に広く認識されるようになればと思っています。

◎温度シミュレーション結果

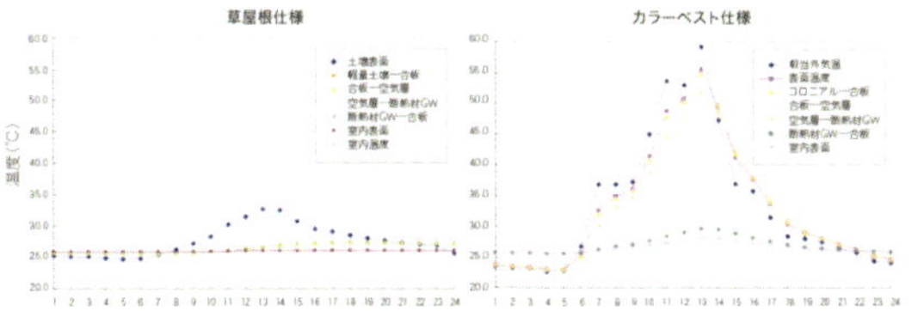

◎冷房負荷

	草屋根	カラーベスト
室内侵入熱量	12.7W/(㎡・日)	278.2W/(㎡・日)
空調負荷	100	2191

（表：大阪府立大学　山田宏之教授による解析結果から）

育成と管理

メンテナンスは、水まきと、施肥。何を植えるかで、メンテナンスは違います。芝だけにしたい時には、まめな雑草引きが必要です。野原にするときには、嫌いな草だけを抜く程度。野菜などを育てて、シソやニラ、ミニトマト、さつま芋など収穫を楽しむ屋根もあります。季節ごとに花も楽しめます。ユリ、コスモス、シャスターデージーなどの宿根草は、こぼれ種で、勝手に毎年咲きます。
散水は手まきが好ましいですが、夏場、旅行などで留守をするときのために、タイマーをつけて、自動灌水します。しかし、自動灌水は、どうしても水の出方にむらがあるので、注意が必要です。

草屋根で野菜を育てる

草屋根に咲くコスモス

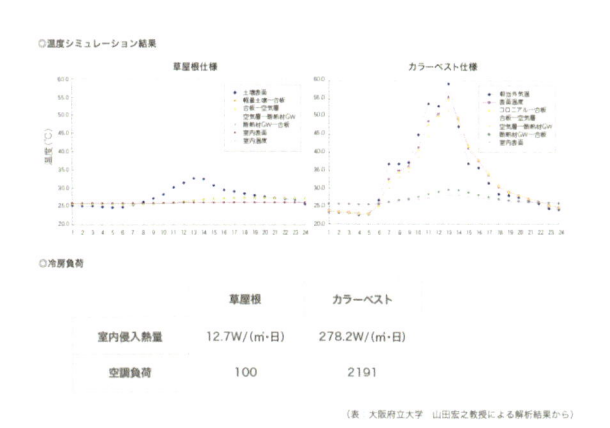

「そらどまの家」の断熱

■「そらどま」の断熱は?

断熱材だけで、壁の 100 ㎜を専有してはもったいない! 「そらどま」の家は、健康が一番。 壁の 100 ㎜に断熱だけではなく、調湿、熱容量、そして防音というように、できる限り健康に必要な機能を発揮するようにしています。 グラスウールでは調湿性がなく、発泡プラスティックスでは防音性も熱容量もない。 そこで注目できるのが多機能を持った自然系の断熱材です。 具体的には、木質繊維「ウッドファイバー」 、あるいはウール系のものです。 もう一つ、無機系のゾノトライト系板材「バウビオ」という不思議な建材があります。 耐火被覆材として使われて来たものですが、 調湿性については博物館や美術館で認められミュージライトとして使われてきました。 この素材、どうも総合的な断熱性能に優れているようなのです。熱伝導抵抗では大きな数字は出ないのに実用の世界では、かなりの性能を発揮しています。 このように、「そらどま」は、常に発見、探求を続けています。本当の快適を目指して。

■もう一つの断熱材「遮熱シート」

熱伝導の三態「伝導」「対流」「放射」が実際の住宅ではそのような割合で熱の往来があるのでしょうか。
これまでの断熱材は、空気を閉じ込めて「伝導」と「対流」による熱流を押さえてきました。しかし、「伝導」と「対流」は、熱伝導全体の 50%以下なのです。
残りの 50%以上の熱流である「放射」は見過ごしていたのです。
「そらどまの家」では、遮熱シートを採用して 100%の断熱効果を計ります。また、遮熱シートを使用することにより、壁を無駄に厚くしなくても、十分な断熱効果を得ることができるのです。

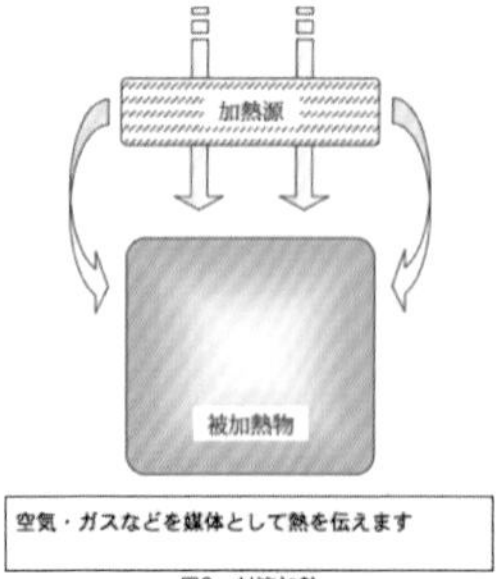
加熱源
被加熱物
空気・ガスなどを媒体として熱を伝えます
図3　対流加熱

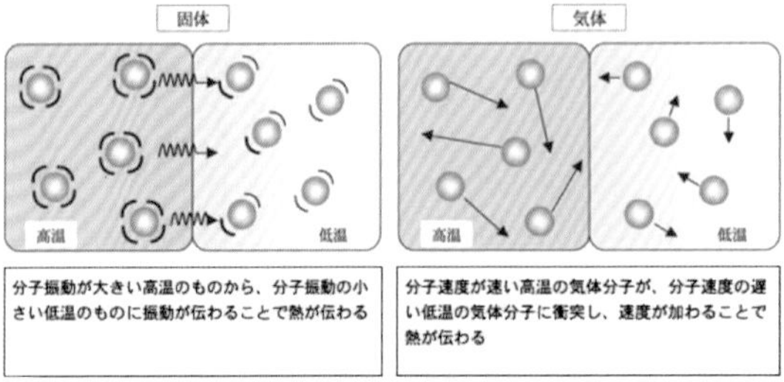
固体
気体
高温
低温
高温
低温
分子振動が大きい高温のものから、分子振動の小さい低温のものに振動が伝わることで熱が伝わる
分子速度が速い高温の気体分子が、分子速度の遅い低温の気体分子に衝突し、速度が加わることで熱が伝わる
図1　固体と気体　熱の伝わり方

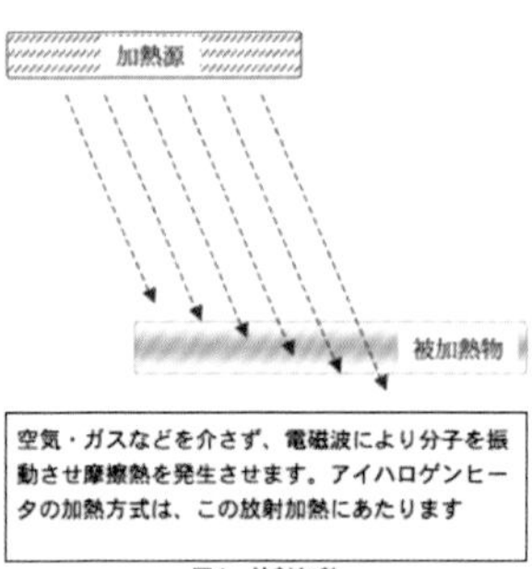
加熱源
被加熱物
空気・ガスなどを介さず、電磁波により分子を振動させ摩擦熱を発生させます。アイハロゲンヒータの加熱方式は、この放射加熱にあたります
図4　放射加熱

断熱・遮熱　各種材料の遮熱性能比較

【実験方法】

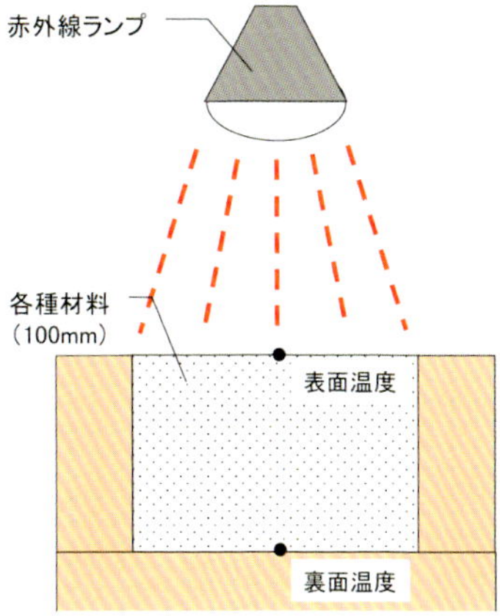

表1　実験に使用した材料

番号	材料	熱伝導率 (W/m·K)	密度 (kg/m3)	熱容量 (J/K)	製品表面の色
①	Baubio-N	0.047	170	14,230	白色
②	Baubio-T	0.073	370	30,970	白色
③	イーストボード	0.049	230	46,000	茶色
④	ｾﾙﾛｰｽﾞﾌｧｲﾊﾞｰ	0.040	30	約2,500	灰色
⑤	羊毛断熱材	0.035	30	約2,500	黄色
⑥	ｳｯﾄﾞﾌｧｲﾊﾞｰ	0.038	50	約4,000	茶色
⑦	コンクリート	1.6	2200	187,000	灰色
⑧	Baubio-N+遮熱シート	0.047	170	14,230	銀色

※熱容量は厚み100mmの場合の値

断熱・遮熱　各種材料の遮熱性能比較

【実験結果】

①材料表面温度推移

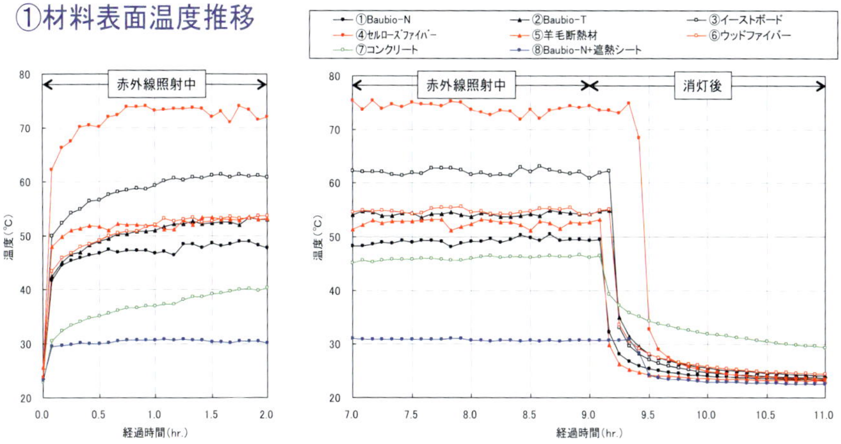

【照射開始から2時間後まで】　　【照射7時間後から11時間後まで】

図2　材料表面温度推移

断熱・遮熱　各種材料の遮熱性能比較

【実験結果】
②材料裏面温度推移

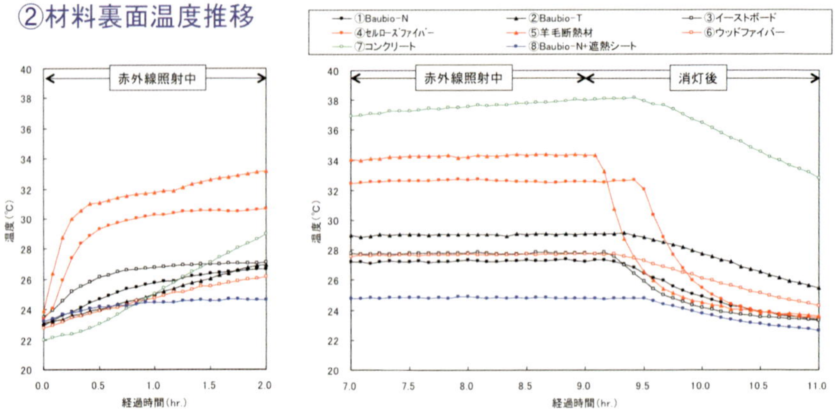

【照射開始から2時間後まで】　【照射7時間後から11時間後まで】

10

図3 材料裏面温度推移

断熱・遮熱　各種材料の遮熱性能比較

【実験結果】

表2 遮熱性検証実験結果

測定場所	番号	材料	赤外線照射中			消灯2時間後
			START	2時間後	9時間後	
表面温度	①	Baubio-N	24℃	48℃	49℃	23℃
	②	Baubio-T	24℃	53℃	54℃	24℃
	③	イーストボード	24℃	61℃	61℃	24℃
	④	ｾﾙﾛｰｽﾞﾌｧｲﾊﾞｰ	24℃	72℃	74℃	23℃
	⑤	羊毛断熱材	26℃	53℃	53℃	23℃
	⑥	ウッドファイバー	23℃	54℃	54℃	24℃
	⑦	コンクリート	23℃	40℃	46℃	29℃
	⑧	Baubio-N+遮熱シート	23℃	30℃	31℃	23℃
裏面温度	①	Baubio-N	23℃	27℃	27℃	23℃
	②	Baubio-T	23℃	27℃	29℃	25℃
	③	イーストボード	23℃	27℃	28℃	23℃
	④	ｾﾙﾛｰｽﾞﾌｧｲﾊﾞｰ	23℃	31℃	33℃	23℃
	⑤	羊毛断熱材	24℃	33℃	34℃	24℃
	⑥	ウッドファイバー	23℃	26℃	28℃	24℃
	⑦	コンクリート	22℃	29℃	38℃	33℃
	⑧	Baubio-N+遮熱シート	23℃	25℃	25℃	23℃

ボード系材料(番号①～③),特にBaubio-Nの裏面温度上昇が低かった。

Baubio-N+遮熱シート(番号⑧)の表面温度上昇が特に低いことより,表面温度の上昇には材料の輻射率(熱線反射率)が影響していると判断される。

《ラミパックSD》工法及び他の工法の遮熱性能に関する比較試験
（屋根施工例での試験データ）

試験体：図-1～図-6
試験方法：JSTM J 6112（建築用構成材の遮熱性能試験方法）（試験概要：図-7、試験状況：写真-1）
試験結果：表-1

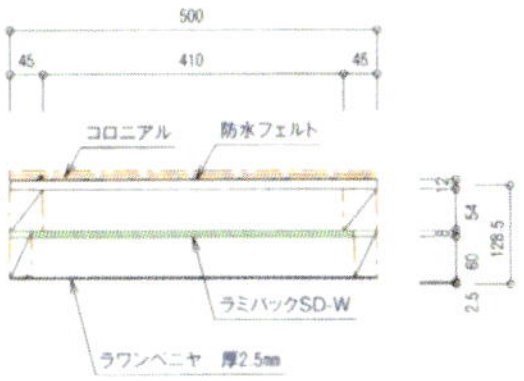

■図-1 試験体No.1（断面図、第11A2690号）〈ラミパックSD-W使用〉

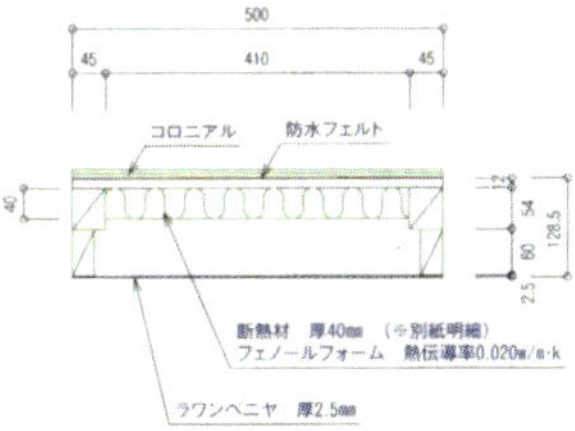

■図-2 試験体No.2（断面図、第11A2690号）

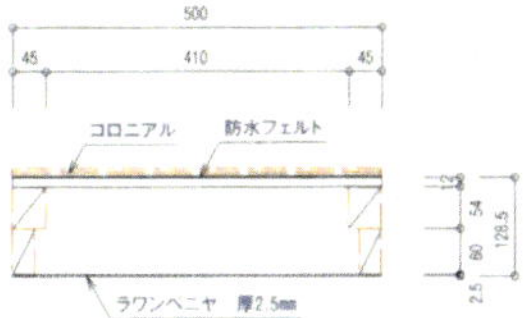

■図-3 試験体No.3（断面図、第11A2690号）

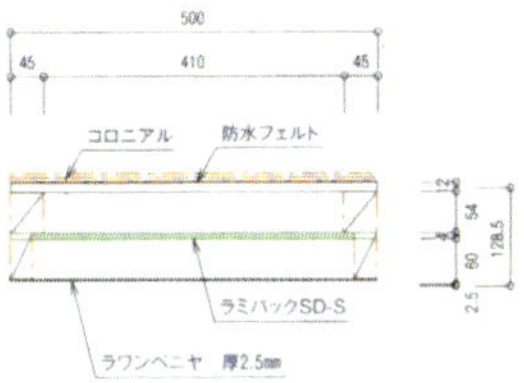

■図-4 試験体No.1（断面図、第12A0979号）〈ラミパックSD-S使用〉

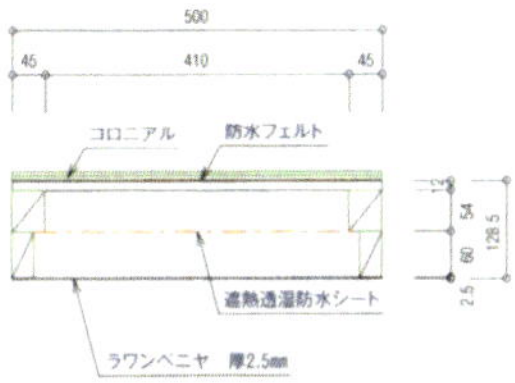

■図-5 試験体No.2（断面図、第12A0979号）

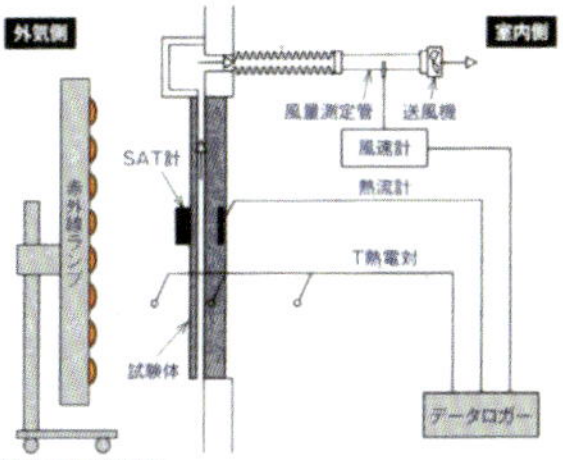

■図-7 試験概要

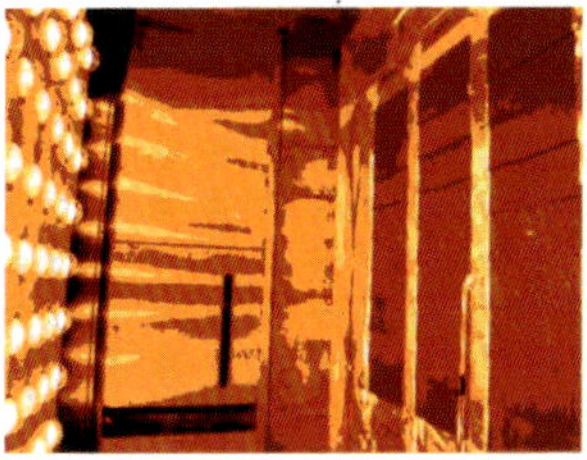

■写真-1 試験状況（外気側）

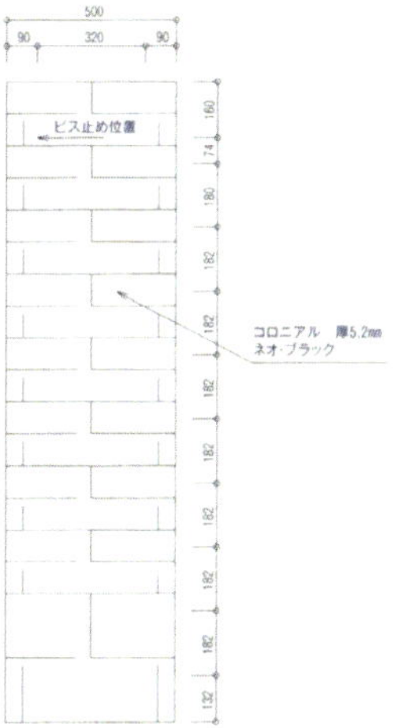

■図-6 試験体（外気側姿図、共通）

■表-1 試験結果

発行番号	第11A2690号			第12A0979号	
SAT温度（℃）	80.4			80.0	
外気側空気温度（℃）	40.9			40.4	
室内側空気温度（℃）	26.4			25.3	
試験体番号	No.1	No.2	No.3	No.1	No.2
試験体名	ラミパックSD-W型	垂木間断熱充填型	従来型	ラミパックSD-S 型	遮熱透湿防水シート型
試験体図	図-1	図-2	図-3	図-4	図-5
通気層風量 (m^3/h)	7.6	7.5	7.5	8.0	7.3
熱抵抗 $R=\frac{\theta_{se}-\theta_{si}}{q}$ ($m^2\cdot K/W$)	2.40	1.29	0.48	1.88	0.974
熱貫流率 $U=\frac{1}{\frac{1}{h_{se}}+R+\frac{1}{h_{si}}}$ [$W/(m^2\cdot K)$]	0.384	0.669	1.462	0.480	0.849
日射侵入率 $\eta=\frac{\alpha_s\cdot U}{h_{se}}$ (−)	0.027	0.047	0.103	0.034	0.060
測定期間	平成23年11月1日～9日			平成24年6月20日～7月2日	

＊通常用いられている屋根や壁の熱貫流率は、冬季において日射を受けない場合の断熱性能を示す値である。
ただし、本試験における熱貫流率は、あくまでも夏季において日射を受けた場合のものであり、その日射量も夏季南中時の最大日射量に近い1kW/m²程度を想定している。当然のことながら、この日射量が屋根や壁に入射するのは一日のうちでもわずかな時間であり、本規格で得られた熱貫流率を屋根あるいは壁の定常的な物性値として取り扱うことは適当ではない。
本規格で得られる熱貫流率は、夏季の日中における「ピークカット」的な性能を示すものである。
＊本資料は、発行番号第11A2690号及び第12A0979号の一部を抜粋したものである。

※上記数値は、全て測定値であり規格値ではありません。

〈試験場所〉（一財）建材試験センター

遮熱シートの設置場所

あくまでも目安ではあるが下記のような実験をしてみた。結果としては遮熱シートの両側に空気層を設ける方法が、最も効果的な結果となった。

卓上実験１
遮熱シートと空気層の組み合せ

赤外線ランプを３０分間照射
上部に試験体を密着。
下部にセンサーを段ボール紙に固定。
ラミパック SD は厚４㎜を使用。
さらに下側は、グラスウール５０㎜厚を敷いている。
室温２１℃
2012.5.11 実験日

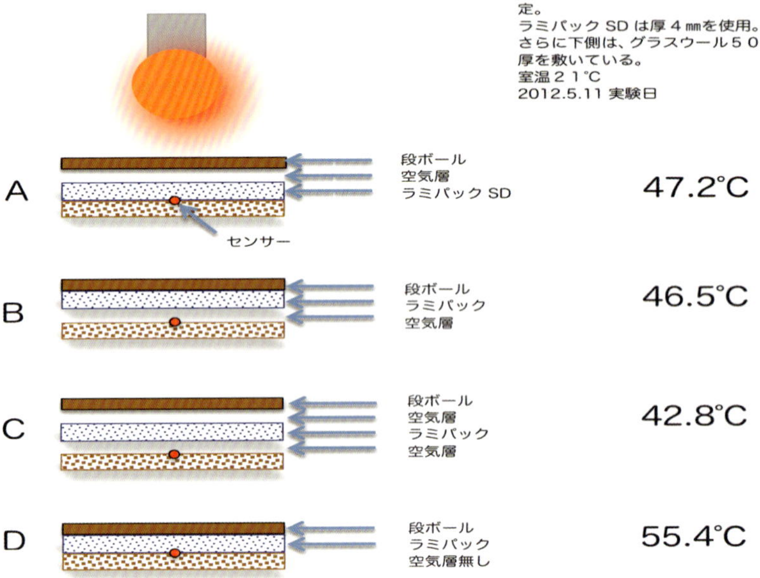

Aは段ボールを外壁と考えた時に通気層の室内壁側に遮熱シートを密着させた場合
Bは外壁側に遮熱層を密着させ、通気層が下にある場合
Cは両側に通気層を取る二重通気の状態
Dは全く通気層を取らずに密着させている
上記の温度比較から、Cが明らかに有効であることがわかる。面白いのはAとBとの違いである。
BよりはAの方が温度が低い、これだけ異なると誤差を超えているように思える。
つまり、Aは外部からの輻射熱を反射できる構造だと考えることができる。

呼吸する家＋遮熱する家／実際の施工現場

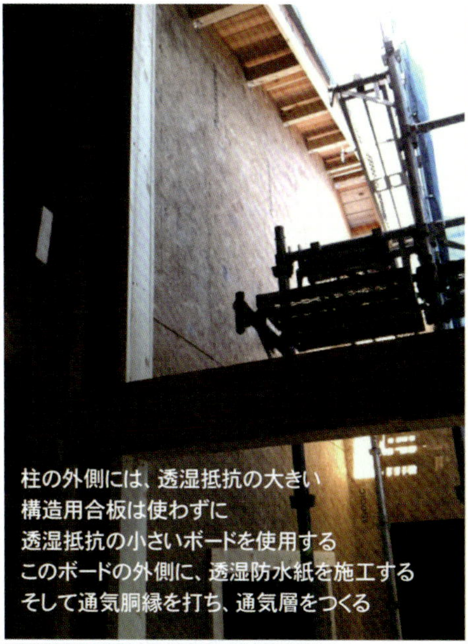
柱の外側には、透湿抵抗の大きい
構造用合板は使わずに
透湿抵抗の小さいボードを使用する
このボードの外側に、透湿防水紙を施工する
そして通気胴縁を打ち、通気層をつくる

屋根面に通気層を構成する
この現場では
「イーストルーフメタル」を使用している
外壁と同じように
通気胴縁で構成しても良い

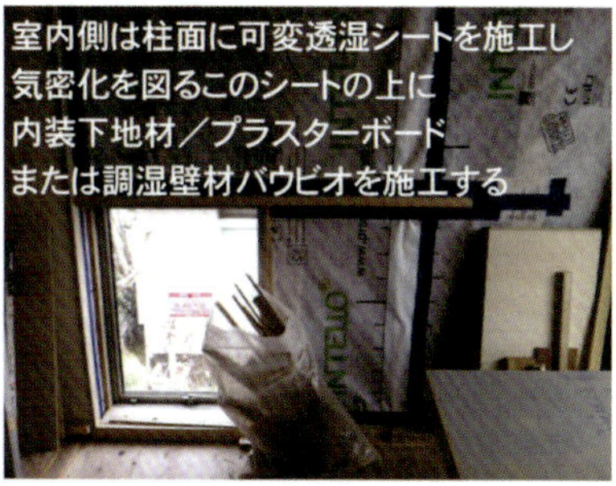
室内側は柱面に可変透湿シートを施工し
気密化を図るこのシートの上に
内装下地材／プラスターボード
または調湿壁材バウビオを施工する

遮熱シートは
通気胴縁の外側に張り
さらに二重通気胴縁を打ち
その上に外壁下地板を施工する

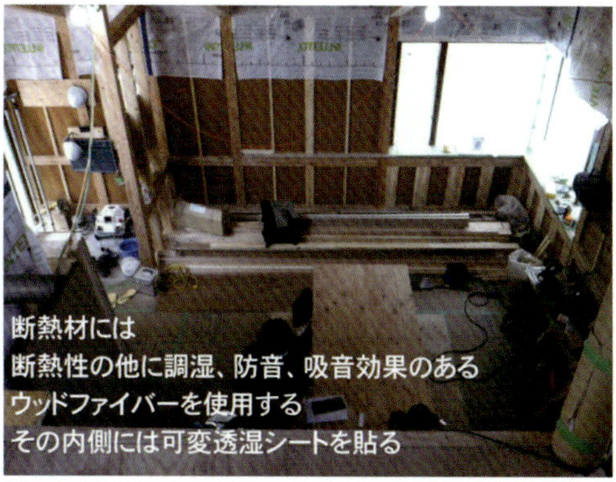
断熱材には
断熱性の他に調湿、防音、吸音効果のある
ウッドファイバーを使用する
その内側には可変透湿シートを貼る

野地板は目地を開けて通気するようにする

「そらどまの家」を守る　透湿防水壁用シート

木造住宅の外壁の防水シートとしてアスファルトルーフィングやフェルト等が使用されてきました。しかし、近年の住宅の高気密高断熱化に伴い、室内で発生した湿気が壁体内に滞留し結露を起こす事が指摘されるようになってきました。
そこで1980年代になり、外壁材と断熱材の間に通気層を設け、壁体内に侵入した湿気を通気層を通して外部に放出する通気層工法が北海道を中心として普及し、建物外部からの雨水の浸入を防止する防水性と壁体内に生じる湿気を外部に逃がす透湿性を兼ね備えた透湿防水シートが使用されるようになり、1990年代には全国的に普及しました。

■透湿防水の機能について

透湿抵抗（透湿性）は住宅内の湿気が透湿防水シートを通して、屋外に排出される機能で、m2・s・Pa/μgの単位で表されます。
数値が小さいほど湿気は多く屋外に放出され、壁体内の結露も起きにくくなります。
防水性は、雨が透湿防水シートを通して住宅内に浸透しようとする圧力に耐える機能で、kPaの単位で表わされます。
数値が大きいほど壁体内への雨水の浸入を防ぎます。

■透湿防水シートの原理

透湿防水シートは、図１の電子顕微鏡写真のような0.5μmの不織布の繊維同士の隙間、又はフィルムの微多孔から、図２のように湿気は通過し、雨は遮断されます。

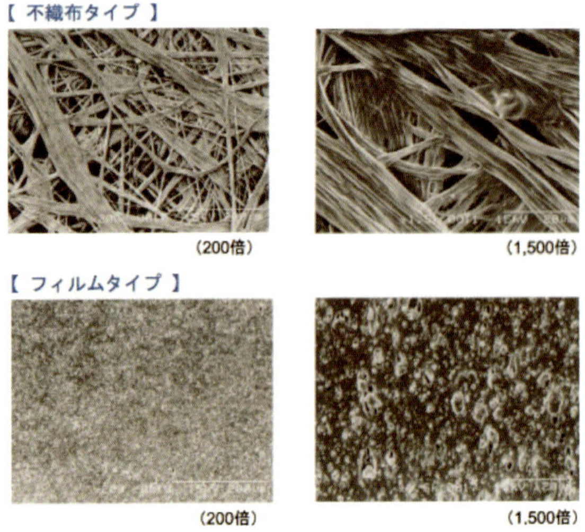

図１ 透湿防水シート表面の電子顕微鏡写真

国産の防水透湿シートのほとんどのものは、紙おむつの技術で作られています。薄いフィルムに水が通らず水蒸気が通る穴を開け、不織布で裏打ちしたものです。JIS の規格では、８kPa の圧力下で水が浸透しないという条件があるのですが、10 年もたないものがほとんどといえるようです。

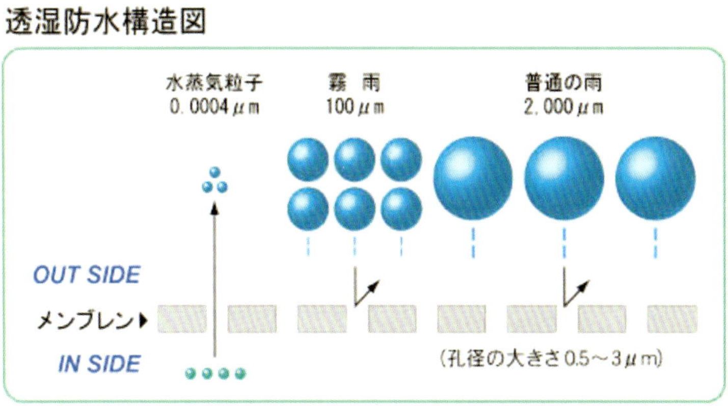

図２　透湿防水シート機能発現のイメージ

■透水防湿シートの性能(旭化成ビクトロンAの物性値の表を利用しています。)

2004年に改定されましたJIS A6111 :2004の内容は別表の通りです。

数値は、(財) 日本化学繊維検査協会又は (財) 建材試験センターによる実験結果の代表値です。
従来単位系による数値を、表中 {} 内に示しております。

項目	評価項目	品質 (物性値)		JIS　A　6111^{2004}規定値 (透湿防水シートB)
		縦方向	横方向	
透湿抵抗 (透湿抵抗)		0.12m^2・S・Pa/μｇ {0.25m^2・h・mmHｇ/ｇ}		0.13m^2・S・Pa/μｇ以下 {0.27m^2・h・mmHｇ/ｇ以下}
強度	引張強さ	259N {26.4kgf}	111N {11.3kgf}	縦・横とも100N以上
	つづり針保持強さ	8N {5.5kgf}	49.0N {5.0kgf}	縦・横とも27N以上
発火性		発火なし		発火しないこと
防水性	水圧	69ｋPa {7038mmH2O}		10kPa以上
耐久性	水圧	11ｋPa {1122mmH2O}		8kPa以上
	引張強度残存率	78.80%	86%	縦・横とも50%以上
	引張伸度残存率	78.70%	85.70%	規定値なし
熱収縮性	熱収縮率※	0.40%	0.13%	1.5%以下
防風性 (通過時間)		442秒以上		10秒以上

※ 熱収縮率の数値は、NYG S 0009の試験方法による物性値

■耐久性

10年瑕疵保証に対応するものとして新設。
同じ部位に使用される防湿シートの規定に準拠して新設された。促進劣化における紫外線照射の条件は、施工中の２ヶ月の紫外線暴露に相当し、熱処理の条件は、10年間の壁体内での熱による暴露に相当する。この促進暴露後の防水性と引張強度の残存率の値で劣化を評価。
(引用資料／透湿防水シート協会の homepage より)

信頼できるタイベック®・タイベック®シルバー

■タイベック®（デュポン社）

0.5～10 ミクロンのポリエチレンの極細長繊維をランダムに積層し、熱と圧力だけで結合させたシート（不織布）です。 米国 デュポン社が開発したこの独自の構造により、優れた透湿・防水性能を有し、抜群の強度と耐久性能を保持することが可能になりました。その結果品質は 20 年の保証がついています。

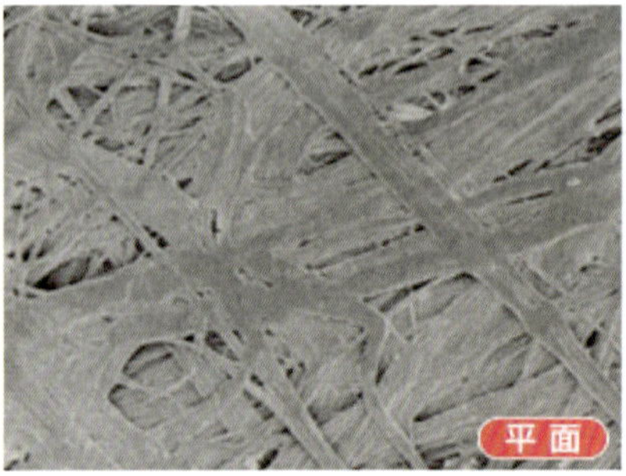

■ タイベック®シルバー（デュポン社）

タイベック®シルバーは、高密度ポリエチレン不織布タイベック®にアルミニウムを蒸着させ、さらに繊維の一本一本にアルミニウムの劣化を防ぐ抗酸化樹脂コーティングを施した遮熱シートです。薄い防水フィルムに透湿アルミニウムを挟んだだけの他社製品とは異なり、長期間使用しても遮熱性、防水性の劣化が少ない、強靭な建材です。

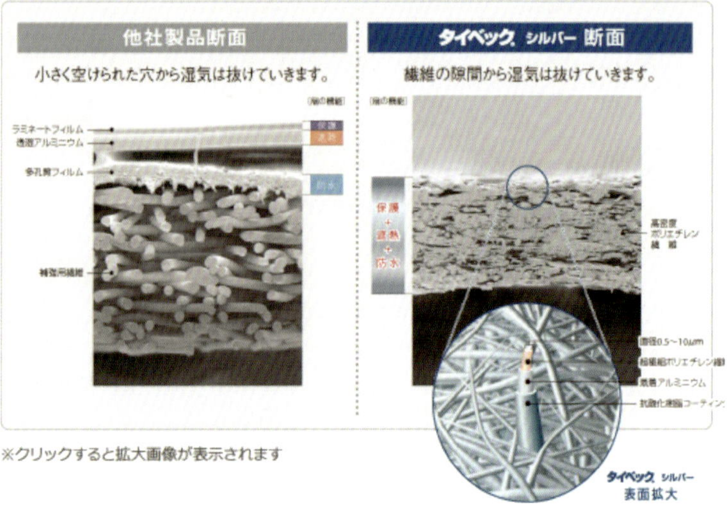

※クリックすると拡大画像が表示されます

「そらどまの家」を守る　透湿防水屋根用シート

■ イーストルーフシルバー（株式会社ナガイ）

透湿・防水性に加え、屋根や小屋裏に蓄熱される日射熱を軽減するイーストルーフシルバーは 省エネルギーを促進し、地球環境に貢献する屋根下地材（透湿・遮熱・防水シート）です。

・遮熱性

ポリプロピレンアルミ蒸着フィルムを採用したシート表面は、日射熱を反射し輻射熱による小屋裏の温度上昇を妨げます。

・透湿性

透湿性に優れたイーストルーフシルバーは、室内や小屋裏にたまった湿気を排出し、野地板の蒸れを防止します。

同時に合板等に含まれる有機性ガス(ホルムアルデヒド等)も透過し、室内を快適な環境に保ちます。

・防水性

高密度ポリプロピレン不織布の3層構造により、釘穴シール性を確保し、釘穴からの雨水の浸入を防ぎます。

■イーストルーフ通気メタル（株式会社ナガイ）

鋼板葺き・シングル葺き屋根の悩みを解決 屋根の長寿命に貢献する、通気層のある透湿性防水屋根下地材

◆ 野地面のカビ・腐れを解消 ◆ 野地面全体の通気を確保 ◆ 小屋裏温度を低減
◆ 雨音を低減

- 透湿性 業界初の1㎡あたり、24時間で9.36Lの湿気を放出する透湿度。
  小屋裏・野地面の結露の発生を抑え、野地板のカビ・腐れを防ぎます。
- 通気性 業界初の厚さ15㎜の網状体で屋根全体の通気を確保。熱による野地面の温度も低減されます。
- 防水性3層構成による抜群の釘穴シール性を実現。
- 施工性 シート＋網状体の合体で、通気用の桟は必要ありません。
  表面が網状体のため施工時滑りにくく安全性が保たれます。
- 環境配慮性 焼却処理でのダイオキシンの発生がありません。
- 野地板合板などに含まれるＶＯＣを素早く排出。

野地板の結露実験

（引用資料／透湿ルーフィング協会のhomepage、東洋大学土屋研究室による）

透湿ルーフィングとアスファルトルーフィングとを組み合わせた4つの試験体を用意し、加湿実験をする。

試験体Tn・・孔なし合板に透湿ルーフィングを施工

試験体Tp・・直径10mmの孔を50mm間隔で明けた合板に透湿ルーフィングを施工

試験体Ap・・直径10mmの孔を50mm間隔で明けた合板にアスファルトルーフィングを施工

試験体An・・孔なし合板にアスファルトルーフィングを施工

■　屋根断面図

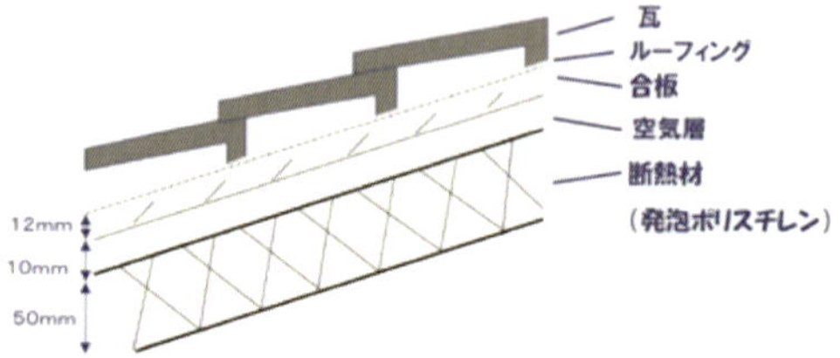

■　実験状況

グラフ2　：　ルーフィングの内側の相対湿度グラフ
試験体 A（無孔合板　＋　透湿ルーフィング）
B（有孔合板　＋　透湿ルーフィング）は60%を維持
試験体 C（有孔合板　＋　アスファルトルーフィング）は 100%以上
実験結果：A・B の相対湿度は最高でも65%
C・D は 100%前後を記録

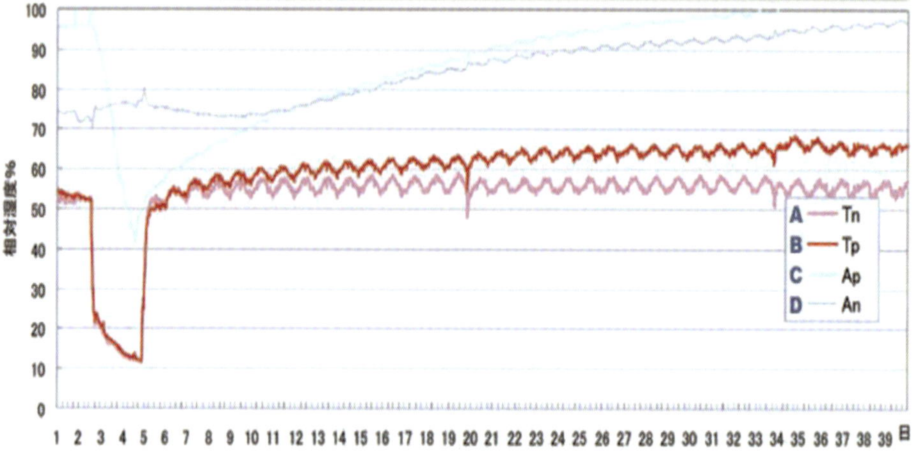

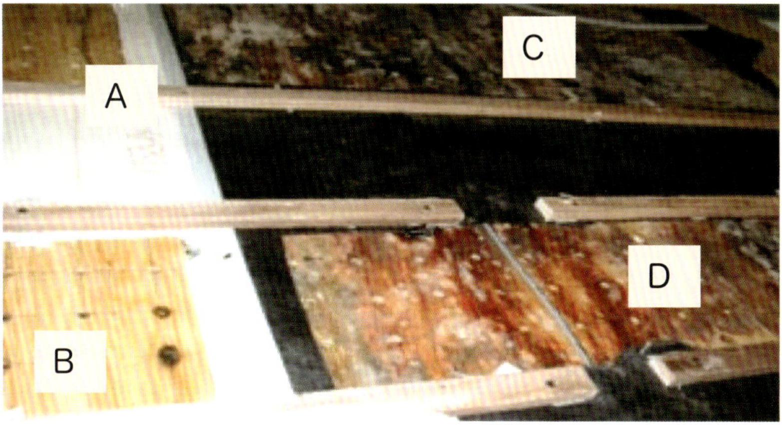

野地裏の様子アスファルトルーフィングを用いた試験体C・Dは、かなり変色してカビの発生も確認できる。これに対し、透湿フーフィングを用いた試験体A・Bの野地板は、変色せず乾燥状態だった。

■実験結果

（1）野地室内側（空気層）

透湿ルーフィングでは相対湿度は高めながらも結露には至っていないのに対し、アスファルトルーフィングでは、早い時期から結露が継続している。

（2）野地裏

透湿ルーフィングではきわめて良好な乾燥状態が継続しているのに対し、アスファルトルーフィングでは、激しい結露が発生している。

（3）有孔合板

今回試作した有孔合板では透湿性が十分でなく、室内からの湿気を排出しきっていない。

（4）和瓦

和瓦の透湿係数は約1.5 g/m2hmmHgと見積もられるが、さらに大きくすることが望ましい。

【野地室内側】

透湿ルーフィングを用いた試験体・・・相対湿度は高めに推移。しかし結露には至っていない。

アスファルトルーフィングを用いた試験体・・・早い時期から結露が継続する。

【野地裏】

透湿ルーフィング・・・良好な乾燥状態を継続。

アスファルトルーフィング・・・激しい結露が発生する。

「そらどまの家」を守る　可変透湿内壁シート

ザバーン®BFの秘密

ザバーン®BF は、空気中の水分が少ないときには湿気を通さず、多いときには湿気を通します。これを実現しているのが、ザバーン®BF 独自のポリビニール・アルコールです。
乾燥状態のポリビニール・アルコールは、あらゆるプラスティック中、もっとも分子間の隙間が小さく、抜群の気密性能を発揮します。これは、ポリビニール・アルコールの分子同士が、密接に手を繋いでいるからです。（化学的に言うと、ポリビニール・アルコールが持つ水酸基＝手が、水素結合により密接に結びついています）　そこに湿度（＝水分）が加わると、ポリビニール・アルコール同士で結んでいた手を離し、代わりに水と手を繋ぎます。その結果、ポリビニール・アルコール同士の隙間が拡がります。
さらに湿度が上がると、その分、水と手を繋ぎ、どんどんポリビニール・アルコール同士の隙間が拡がり、結果、湿気（＝水分）を通すようになるのです。

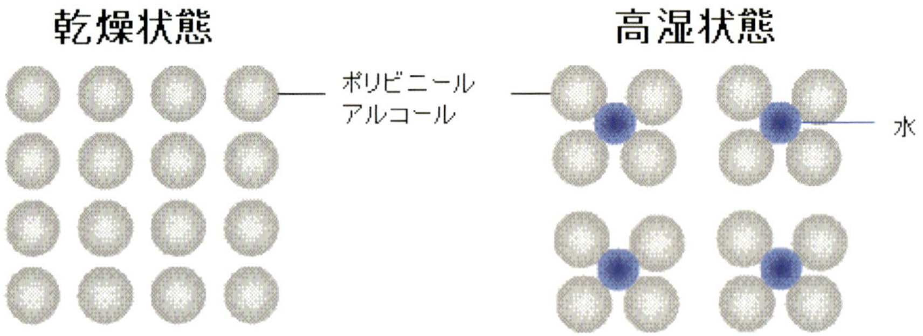

なお、絶対湿度が下がり、周囲の水分量が少なくなると、活発化した水はポリビニール・アルコールの手を振り払い、また飛び出していきます。
残されたポリビニール・アルコールは、ポリビニール・アルコール同士で手を繋ぎ直し、分子間の隙間が小さくなります。その結果、再び気密性能を発揮するようになります。

●優れた気密性

省エネ住宅の重要部材に、防湿・気密シートがあります。これは隙間風を防ぐとともに、室内の過剰な湿気からグラスウールや柱などを守ります。 ザバーン®BF は、優れた気密性能（透気度：無し JIS-P8117）でお住まいの省エネに貢献するとともに、壁体内結露のリスクを減らしお住まいの長持ちに貢献します。

●防湿・気密シートの課題を、独自の可変透湿機能で克服

防湿・気密シートは大変に有用で、住まいのエコ化が求められる中、更なる普及が望まれます。 しかしながら、一般的な防湿・気密シートを温暖な地域で使うには、課題がありました。夏型結露（逆転結露）と言われる、『夏場の高温多湿な空気が、空調された内壁に触れて、壁の中で結露する』という問題です。

ドイツの技術可変透湿シート「インテロ」

INTELLO®
TESTED BY
財団法人建材試験センター
第09A0714号

INTELLO®

インテリジェント調湿気密シート　インテロ

pro clima®
... and the insulation
is perfect

- 日本の高気密・高断熱住宅に不可欠な調湿気密シート
- 住まいの気密性を確保して湿気を自動的にコントロール!

インテロは相対湿度に応じて透湿性能を変化させる、世界初の技術を備えた調湿気密シートです。自動的に湿度を調節する機能によって、壁・屋根の内部構造を守り、快適な住環境に貢献します。

インテロはこれからのサステナブル住宅には欠かせないドイツ生まれの最新建材です。

INTELLO® 独自の自動調湿機能

外から中へ湿気が移動する季節（主に夏の気候）
相対湿度の高い状態

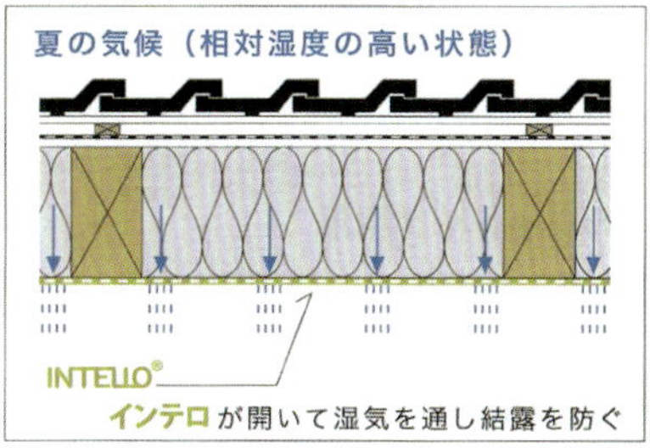

インテロは、湿気に対してオープンに働きます。構造内に浸入した湿気を室内側へ放出することによって、構造内部を保護します。室内空間は広いので、インテロの調湿機能によって部屋の中が湿気るという事はありません。

中から外へ湿気が移動する季節(主に冬の気候)
相対湿度の低い状態

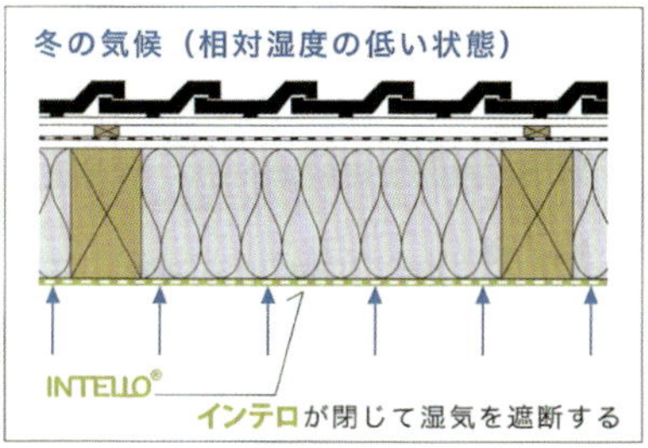

湿気が構造内に浸入しないよう、インテロがこれを遮断。構造内部の乾燥状態を保ちます。

INTELLO®を使うメリット

インテロで気密処理をすることで、年間の冷暖房費を大幅に節約!これまで冷暖房に費やしていたエネルギーを節約することは、CO_2排出量削減につながり、地球環境を守ります。

また、住宅をしっかり気密することは、シックハウス症候群や花粉症、防音にも大変効果があります。健康で快適なこれからの高気密・高断熱住宅を考えるとき、特にパッシブハウスに、まさに不可欠な建材がこのインテロなのです。

INTELLO® による調湿気密システム

湿気を調節することは、湿気を遮断することより、はるかに安全で確実な方法

湿気を通さないポリエチレンシートを用いた従来の気密工法では、場合によっては大量の湿気が構造内部に留まってしまい、何年もその状態が続くと、壁や屋根の内部でカビによる損傷が起きてしまうことが考えられます。

ポリエチレンシートは湿気を遮断するだけなのです。空気の流れによって起こる構造内部への湿気浸入は避けて通ることのできない現象であり、さらに、構造内部に密閉される建材・断熱材などに最初から含まれている水分も考慮しなければいけません。ポリエチレンシートで密閉した場合その水分は一体どこへ排出すれば良いのでしょうか。

湿気を調節するインテロ気密システムは、高い湿気輸送能力によって湿気によるカビの発生を防ぎ内部建材を守ります。

WUFI® プログラムによるシミュレーション

標準的壁構造

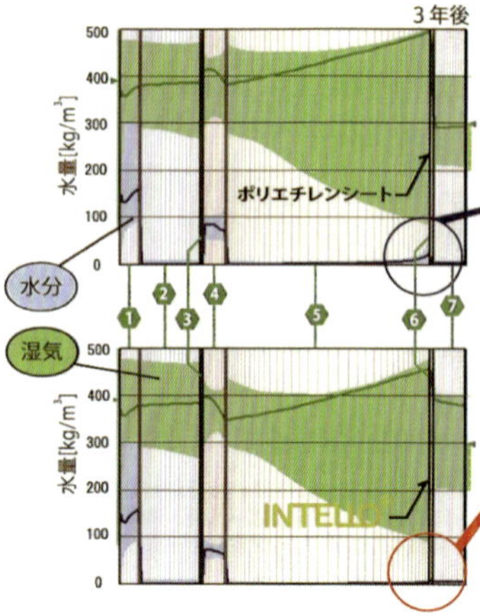

ポリエチレンシートを使った壁面では、内部の相対湿度はわずか３年間で実に100%に達し、壁面内部の室内側に溜まる水分量は20%にも達します（左上グラフ）。インテロ気密システムでは、高い湿気輸送能力により構造内部の湿気が外に排出されるため、そのような箇所に水が溜まることはありません（左下グラフ）。

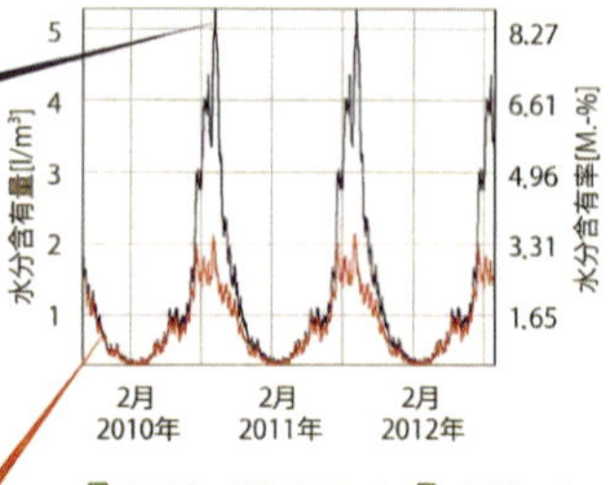

ポリエチレンシートの壁
シートと断熱材の境界面に水が溜まっていることを表している。この箇所は結露や損傷のおそれがあることが分かる。

インテロ調湿気密シート
シートと断熱材の境界面に水がなく、状態は良好。緑色で表されている相対湿度もポリエチレンシートより低い。

1. サイディングボード（9mm）
2. 空気層（22mm）
3. ソリテックス（透湿防水シート(0.2mm)）
4. 合板(9mm)
5. 断熱材(80mm)
6. 気密シート(0.2mm): インテロまたはポリエチレンシート
7. 石膏ボード(12.5mm)

＊フラウンホーファー建築物理研究所のＷＵＦＩ®プログラムを用いて作成　　気象データ：群馬県前橋市

財団法人建材試験センターによる試験結果

気密性　試験結果

財団法人建築環境・省エネルギー機構の「住宅の省エネルギー基準の解説」では、気密材に要求される性能を、透気抵抗で5.0(x10⁵m²・s・Pa/kg) 以上と規定しており、インテロはこの要求性能を充分満たす結果でした。

透湿性　試験結果

インテロの透湿抵抗は、相対湿度の高低により変化することが試験により証明されました。低い透湿抵抗で湿気を通し夏型結露を防止、高い透湿抵抗で冬型結露を防ぎます。透湿抵抗変化の幅は60倍以上という結果でした。

平均相対湿度と透湿抵抗の関係

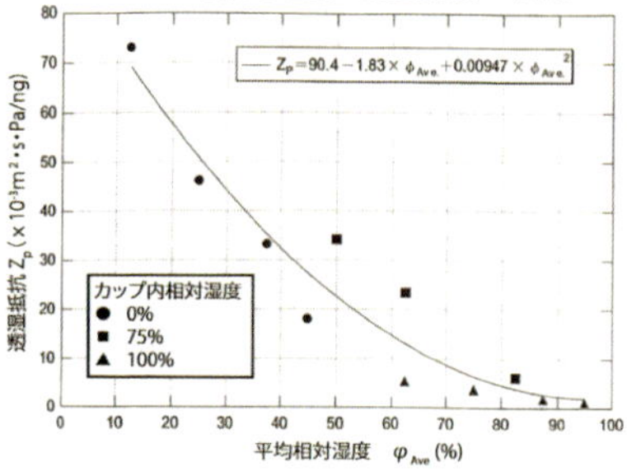

(財) 建材試験センターによる試験結果 (2009/09)

INTELLO® はヨーロッパ各国で実績のあるドイツ製品

プロクリマは22年間に渡り、高性能調湿気密シートインテロとハウスラッピングシートSOLITEXで成功を収めてきました。専用の接着テープ等を含むプロクリマの全製品は、DIN/EN/ISO規格に基づく認定を、又インテロは財団法人建材試験センターによる品質性能試験第09A0714号を受けています。

ドイツ、フランス、アイルランドを始めとするヨーロッパ各国、さらに、ニュージーランドにおけるこれまでの総施工面積は、数百万m²に達しています。

技術データ

膜組織	ポリエチレンコーポリマー
フリース	ポリプロピレン
重量	85g/m²
厚み	0.2mm
色	白色
耐熱性	-40ºC ～ +80ºC
透湿抵抗	1.19~73.0　[x10⁻³(m²・s・Pa)/ng] (湿度に応じ変化)
透気抵抗	6.65 [x10¹⁰m²・s・Pa/kg]
耐火性	E(難燃性)
引張強度	120N/5cm(長さ方向) 90N/5cm(斜め方向)
引張伸度	50%(長さ方向) 45%(斜め方向)
引裂強度	55N(長さ方向) 55N(斜め方向)
耐久性	合格

透湿抵抗・透気抵抗は (財) 建材試験センターの試験結果による。
それ以外はドイツDIN/ヨーロッパEN工業規格による。

製品データ

幅	長さ	面積	重量
1.5m	50m	75m²	9kg

気密システム製品

接着テープ	テスコンNo1テープ(TESCON No1)
接着剤	オルコン接着剤(ORCON)

ECOTRANSFER JAPAN
エコ・トランスファー・ジャパン
〒102-0075 東京都 千代田区 三番町2番地　三番町KSビル6階 SKWイーストアジア(株)内
TEL 03-3288-7354　FAX 03-3288-7358
info@ecotransfer-japan.com　www.ecotransfer-japan.com

v3_2011.09

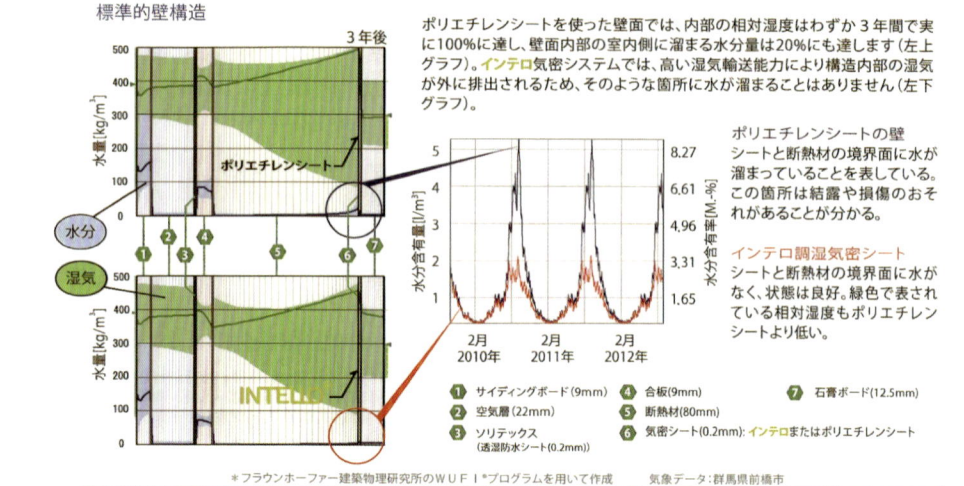

SOLITEX WA ソリテックス・ウォール
壁用透湿防水シート

pro clima®

ソリテックスWAは壁内の外壁側に使う透湿防水シートです。高い防水性と防風性で吹付ける雨から外壁を保護します。高い透湿性がありますので構造内部の湿気は外に排出されます。紫外線に非常に強い構造ですので、外壁仕上材の隙間からシートを見せるデザインにも最適です。ソリテックスWAはヨーロッパのパッシブハウス仕様の建物に数多く採用され非常に成功を収めている製品です。

ソリテックスWAの特徴

- ✔ あらゆる気象に対する高い耐久性
- ✔ 紫外線に強いので「見せるシート」としても理想的
- ✔ 内部湿気を排出しながらも吹付ける雨はしっかり防水
- ✔ 釘穴にも強い引裂強度と引張強度

パッシブハウスの住宅

小学校の建物

体育館の建物

ファストフード・レストラン

複合的な機能を持つ　**断熱材を使う**

■木でなければ持ち得ない特性

この木質繊維断熱材は、断熱性能はもとより、熱緩和・防音・防耐火・調湿機能など、木でなければ持ち得ない特性に加え、生産に必要とするエネルギーが他の建材に比べて極端に小さく、生産や廃棄の過程で廃棄物の発生もないなど、住む人や作る人そして地球環境に優しい画期的な次世代型エコ建材です。

また、素材としての木質繊維およびそれから作られる製品は、様々な用途開発の可能性が秘められていると共に、地域の未利用の森林資源を原料とする「地産地消」製品であり、地域社会の活性化や森林再生にも貢献するものです。

高密度の「イーストボード」や断熱材専用の「ウッドファイバー」があります。

■社会的意義も大きい木質繊維断熱材

この木質繊維断熱材は、前述のように単に断熱性能に優れるだけではなく、防音性・調湿性・防火性・省エネ性・施工性にも優れ、また、100％天然素材でシックハウスに無縁で健康に良く、生産・消費・廃棄過程で全く廃棄物を作らず、国内生産に持ち込めれば、地産地消製品で地域貢献性も高く、森林の再生・林産業の振興にも役立つ等の社会的意義が大きい。

■自然素材

リサイクル木材90％以上の木繊維を圧縮成形した木質断熱繊維板（イーストボード）。

■調湿性能

木材繊維特有の吸放湿性に富み、室内を快適な環境に保つため結露を防ぎ、家を長持ちさせます。

■再利用

使用後工場にて、再生産可能な環境に優しいエコ建材。

■防火性能

イーストボード 40 ㎜の外側からの無垢板直張り工法・モルタル工法にて 30 分防火構造・45 分準耐火　構造の試験に合格。

木ならではの高い防火性能を証明。

※ ナチュラル（難燃・不燃処理なし）サイディングの使用で、防火・準耐火が可能になります。 **» 断熱性能**　グラスウール 16k 相当の熱伝導率。0.049W/ｍK。　遮熱性にも優れているため夏場の屋根断熱・遮熱にも効果的であり、冷房負荷を大幅に低減。

■防蟻性能　防蟻処理済み。(壁用のみ)

熱容量がものを言う断熱性能

左からフェノールフォーム断熱材（ネオマフォームなど）、木質繊維断熱材「イーストボード」、グラスウール。
上から赤外線ランプを当てて断熱材の内部の温度を測ります。
木の断熱材が一番低い温度です。つまり熱を伝えにくいと言う事です。
熱伝導率などの性能でいけば、木の繊維が一番性能が悪いのですが、結果は熱容量が大きいとなかなか温度が上昇しないと言うことなのです。数時間かけてもこの数字は変わりません。

この実験はとても単純な実験ですが、大変驚かされる事実を示しています。
熱伝導率という数字で見るとフェノールフォームが一番熱を通さないように思えるのですが、木の繊維が遥かに優れた断熱性能を示しています。

フェノールフォーム	木繊維断熱材 イーストボード	グラスウール
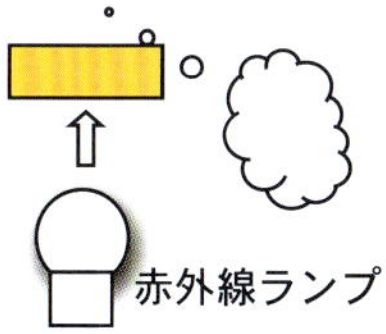	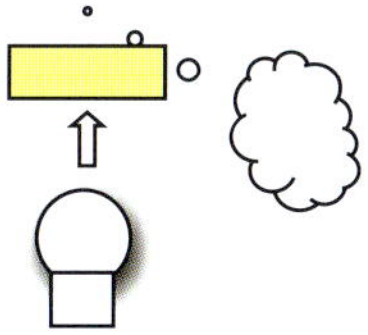	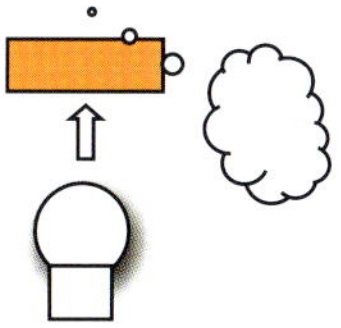
４２℃	３１℃	５３℃
0.024W/m・K	0.049W/m・K	0.038W/m・K

寒い雪国では、人々はダウンジャケットやウールコートを着て風を通さないようにして防寒します。一方、熱い南の国では風通しを良くし、さらに麦わら帽子や日傘で直射日光を遮り涼しくします。家の考え方も同じように南と北とでは大きく異なります。また、湿気の多い地域とそうでないところとではこれも対処の仕方が異なります。
さて、皆様の地域ではいかがでしょうか。
快適な暮らしが実現していますか？

最近、北海道ではこれまでの冬一本やりの家が何故か夏熱くてたまらなくなっています。
これは、二つの理由があります。
高断熱高気密は良いのですが、いわゆる断熱材だけでは賄えない輻射熱対策が不足しているということなのです。そして、もう一つは寒さ対策ということでで、北側に窓をほとんどとらず通風が悪いという家の構造が原因となっているのです。
断熱、気密だけ考えて、「閉じる家」をつくってしまうと快適さを失ってしまうのです。1年間を通しての暮らしを考え、思い切って「開く家」を考えましょう。それを補う技術はいろいろあります。例えば、日本独特の建具です。板戸、格子戸、障子、襖、簾戸、鎧戸、断熱戸、雨戸など環境により多様な対応が可能です。

断熱材にも神秘がある

断熱材の長所短所をここで比べてみましょう。

	フェノールフォーム	グラスウール	木の繊維ウッドファイバー
製造法 CO2 排出量	石油化学製品で細かく発泡し熱伝導率の小さい気体を固定させたもの、石油から樹脂をつくるためにたくさんの工程を要する、化石燃料のため枯渇の恐れがある	ガラスを綿状にして細かい繊維の中に空気を固定させたもの、製造温度は 1300℃程度 原料の 85%はリサイクルガラスを使用する	木の繊維を細かくほぐし空気を固定したもの、製造温度は 200℃程度、間伐材や製材屑など木であればどのようなものでも使用できる
断熱材の熱伝導率	0.023W/m・K（ケルビン） (1W=1J/s=0.24cal/s、K=℃)	高性能 16kg/㎥のときで 0.038W/m・K	40kg/㎥のときで 0.038W/m・K
相対湿度 80%熱伝導率λ	0.024 W/m・K	0.041 W/m・K	0.041W/m・K
素材の熱伝導率λ	0.21W/m・K 樹脂製のコップに熱湯を注ぐとガラスほどではないが手で持つのは困難	0.937kcal/m・h・℃ ガラスのコップに熱湯を注ぐとこれは明らかに手で持つことはできない	0.08 kcal/m・h・℃ 木の種類によって異なるが、木のコップでは熱湯を注いでも手で持つことができる
重量比熱 Cp	1700~1800J/kg・K	1000J/kg・K	2100J/kg・K
容積比熱	? J/㎥・K	? J/㎥・K	? J/㎥・K
密度ρ	29kg/㎥	16kg/㎥	40kg/㎥
熱容量 C=Cp・ρ	0.667J/K	0.608J/K	1.52J/K
熱拡散率 a=λ/Cpρ	0.00168 ㎡／h	0.00855 ㎡／h	0.00163 ㎡／h
防音性能	入射音が材料内部まで侵入で切る構造なら良いが、独立気泡組織で硬質のためあまり効果はない	多孔質吸音材量のため、低音域から高音まで吸収効果がある、材料が厚いほど効果がある	弾力性のある繊維のため秀れた効果がある、薄い板の場合には板振動による 80～300Hz の低音吸収に有効
耐火性	燃焼時に有毒ガスや高温度を発生する	耐火性に優れる	リン窒素の難燃材を含浸している
透湿抵抗	0.2759 ㎡・K/W	1.6 ㎡・K/W	厚 100 のとき 2.63 ㎡・K/W
透湿率μ	3.624ng/m・s・Pa	0.634 ng/m・s・Pa	121ng/m・s・Pa
調湿性能	ほとんど調湿機能はない	0.5l/㎥の水分を保持	7.0l/㎥の水分を保持
総合評価	結露の問題がなく使い易い材料だが化石燃料の枯渇など持続可能な社会には使用を最小限としたい シロアリに食害され，内部は好んで蟻道に利用される。廃棄処理に問題がある	価格が安くリサイクル可能な材料なので一般に普及しているが、吸放湿性が無く結露しやすいこと、防音性能や熱容量など、機能面で問題が残る	リサイクルが可能なだけではなく木材を積極的に使用できること、豊かな山や川の再生につながることなど、材料が高価なことは吸放湿、防音、熱容量などの性能から考えれば問題ないといえる
設計価格 100 ㎜厚 ／㎡	11,840 円(50 ㎜ 2 枚)	1340 円前後（16kg）	約 3000 円

木質繊維断熱材には、ボード状のイーストボード、柔らかいシート状のウッドファイバー、さらに吹き込み用の綿状のものがあり、適材適所で使用することができます。

蓄熱も大切！適材適所の知恵

三匹の子ブタの家の物語
ワラの家　木の家　石の家

簡単につくれ　楽をした　長男のワラの家
しかし、あっという間に燃えてしまってさあ大変！
次に出来上がった　次男の木の家
これも燃えてしまいました。
そして、一番時間のかかった　三男の石の家
これは丈夫で長く持ちました。
苦労しても良いものをしっかりとつくれば
必ず報われるという教訓でした。

たしかに、燃えないで丈夫ということでは石の家は優秀です。
しかし、日本で考えると
石の家は耐震性と断熱性と調湿性に問題があります。
ワラの家や木の家は耐震性と断熱性と調湿性に優れています。
また、材料はいつでも育て生み出せるものです。
時代や地域が変わると価値観も変わるということですね。

また、構法から考えると
時間のかかるものが良いとは言えませんね。
それは、高価につくということになります。
短い工期で丈夫なものがつくれるということは
けして悪いことではなく良いことなのです。

そして、現代の家づくりの知恵はこうなります。
骨組みは木でつくり、断熱はワラを使い
床下に石を敷詰め蓄熱する
三つの材料を組み合せることにより
快適で暮らしやすい家が実現するのです。

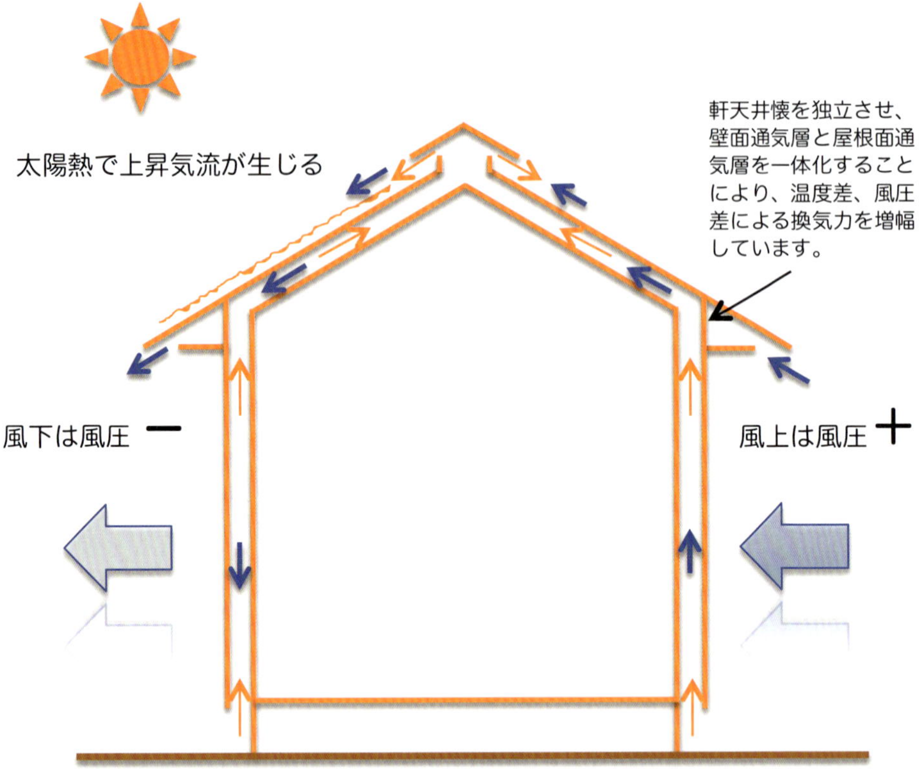
軒天井懐を独立させ、壁面通気層と屋根面通気層を一体化することにより、温度差、風圧差による換気力を増幅しています。
太陽熱で上昇気流が生じる
風下は風圧 −
風上は風圧 ＋

■壁面の通気だけではなく、屋根にも通気を取りましょう

そして、壁面の通気の取り方ですが、一つは通気のエネルギーは太陽光による上昇気流、もう一つは　風圧差です。風圧差を利用しようとすると、東西、南北の壁面を繋いでおいた方が有効です。同じ方位の壁面の上下に開口を開けてしまうと風圧差を利用できません。したがって、壁上部には開口を開けないようにするのです。これは、屋根面の上昇気流によって、壁面の通気を促進する仕組みにもなっているのです。

■通気層の巾をどのような寸法にするのか

一般に 18 ㎜の巾を取っていますが、日射による熱負荷を減少するためには 20 ㎜以上取る必要があります。東・南・西壁の場合です。また、断熱性を生かそうとする場合には 18 ㎜またはそれ以下の寸法が良いのではないでしょうか。遮熱シートを利用する場合には二重通気が適切です。西壁をさらに積極的に通気する場合には、45～90 ㎜の通気層を取りましょう。

構造用面材の合板を透湿・通気材に変更する

日本の木造住宅の長い歴史の中で、高気密高断熱の工法が多く採用されるようになったのは、ここ２０年ほどのことです。
壁や小屋裏を断熱材で埋め尽くし、室内側にはポリエチレンの気密シートを張り柱の外側には構造用合板を張る。
こうして呼吸のできない壁と小屋裏ができ上がりました。

外壁には防水膜が塗装されているため、その内側には通気層をとらなくてはならなくなりました。
続いて、阪神淡路大震災の経験から耐震性が重視され、柱の外側に構造用合板を張ることが普及しました。
ところがこの合板には透湿性が弱く、その外側に防水透湿シートを貼っていても意味のない現状があります。
その結果、壁の内側には湿気が籠ってしまっているのです。冬の結露、夏の結露、結露まで行かなくても高湿度の状態です。そのままですと、壁の中はカビや腐朽菌が発生し構造体を腐らせてしまいます。
「呼吸できる健康な屋根と外壁」に改善しましょう。

■現在の国の指針では室外と室内の透湿抵抗の比例を以下のように定義づけています。

北の家（省エネ基準Ｉ地域）	南の家（省エネ基準Ⅳ地域）
屋外  室内	屋外 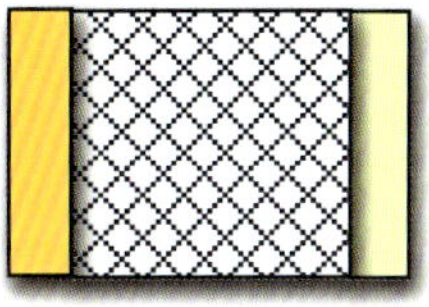 室内
透湿抵抗値５対１	透湿抵抗値２対１

しかし、この考えは冬の結露についての配慮のため実際には夏の結露にも対応しなければなりません。そこで考え出されたのが下記のような壁や小屋裏の構造なのです。

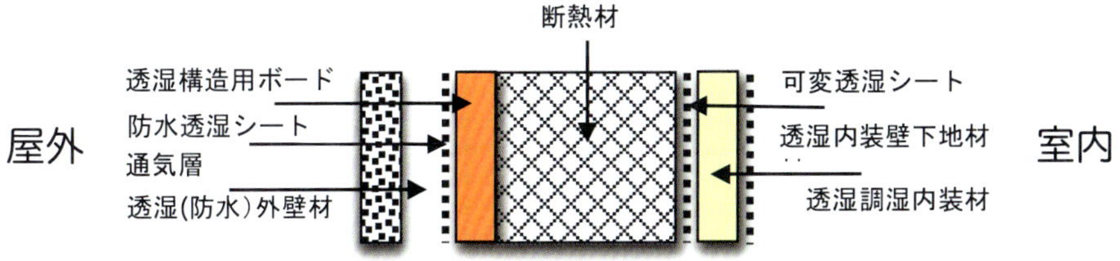

透湿抵抗の少ない素材を選ぶ

材料名	厚さmm	密度 kg/㎥	熱伝導率 W/m・K	透湿抵抗 ㎡・h・mmHg/g	壁倍率
外壁下地ボード					
OSB 合板	12			42	
構造用合板	8.8	550	0.15	20.6	比熱 1.30
針葉樹構造用合板特類 2 級	9	600	0.17	10.3	2.5
木摺り杉板	12	500	0.12		
ダイライト MS 外壁下地	9	700	0.13	2.3	1.5～2.5
同上	12	700	0.13	3.0	2.0～3.0
シージングボードアセダス D	12	270	0.05	0.9	1.0～2.0
モイス TM	9.5	700~900	～0.24	5.29	
バウビオ断熱 N	25	170	0.047	1.33	
内壁下地ボード					
石膏ボード	9.5	754	0.18	1.1	比熱 1.13
同上	12.5	754	0.18	1.4	1.0～2.9
モイス	9.5	700~900	～0.18	3.65	
バウビオ調湿 T	15	450	0.073	0.91	
外壁仕上材					
漆喰・スタッコ		1320	0.6	6.3	
スーパー白洲そとん壁 W	18	1035	0.2	0.00104 ㎡·s·Pa/ng	
スレート系サイディング				24.1	
土壁		1280	0.69	山口の土 7.2	比熱 0.88
モルタル	15	2120	1.5	19.5	
ガルバリウム鋼板		7860	45		比熱 0.48
内壁仕上げ材					
漆喰		1300	0.7	6.3	
薩摩中霧島壁	5		0.17		
北のやすらぎ	3		0.17		
杉	20	400	0.13	28(心) 10(辺)	比熱 1.30
化粧合板		532	0.11	892.3	比熱 1.30
ビニルクロス		550	0.15		比熱 1.39
和紙	0.12	850		0.29	
タタミ	50	230	0.11		比熱 2.30
軟質繊維板	9.6	270	0.051	0.51	比熱 1.30
壁下地用防水シート					
タイベック				0.6	
アスファルトフエルト No.15				11.7	
ポリエチレンシート	0.9	91		253.5	
モルタルラミテクト	0.57			0.12	
屋根下地用防水シート					透湿度 g・㎡／24h
アスファルトルーフィング	22 kg		材料値	300	10
同上	同上		完全施工	137	
ルーフラミテクト RX	0.55				2500
イーストルーフシルバー	0.85			0.131	4350

国際単位から従来単位系の変換は1W/mK=0.86kcal/mh℃となります。

輻射で冷暖房する

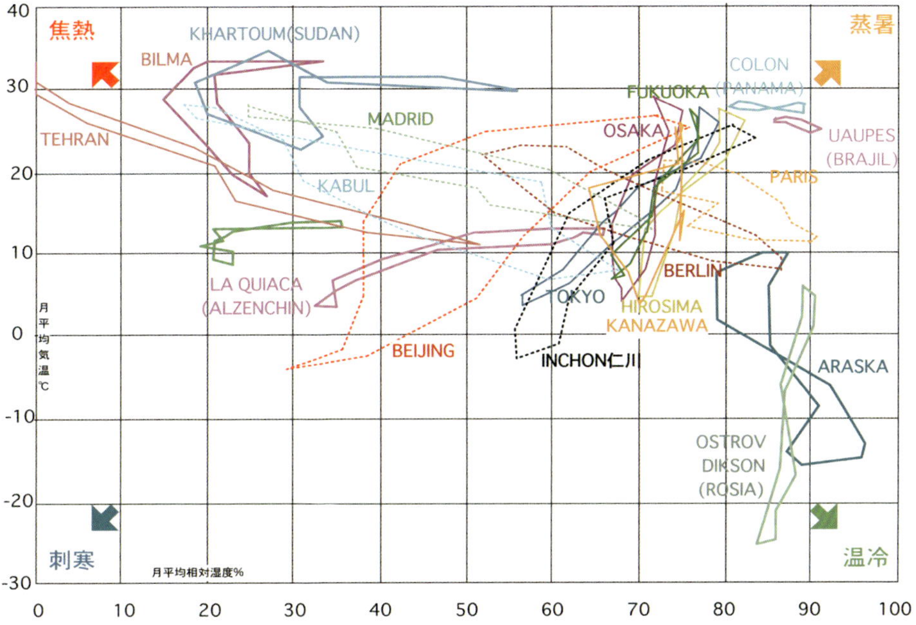

クリモグラフをご存じですか。
小学校か中学校で作ったことがあるのではないでしょうか。このグラフを、改めてみると、日本とベルリン、パリとの違いがよく分かります。
ベルリン、パリは左肩上がりです。ところが、日本の都市は右肩上がりです。とくに、太平洋岸にある東京が、夏と冬の温湿度の差が大きいことが分かります。
高温低湿、低温多湿の北欧では、夏、冷房しても湿度が少し上がるくらいで快適域にあります。冬、暖房しても多湿なので湿度が下がり快適域になります。ところが、日本では、夏冷房すると、もともと高い湿度がさらに高くなってしまい湿気感が伴います。また、冬はもともと乾燥しているため、高乾燥となり、鼻や喉の粘膜が乾き、肺に直接、風邪のウィルスが入りやすくなり、インフルエンザの流行を生み出してしまいます。
つまり、クリモグラフが右肩上がりの地域では、

「空気で暖冷房することは　健康な環境になりません」
「空気を遣わずに　輻射で暖冷房することが　健康な温湿度環境を実現する」

ということになるのです。単純なグラフですが、理解できることは深いです。

■ 空気で暖房するのか　輻射で暖房するのか

「エアコン」で暖房する

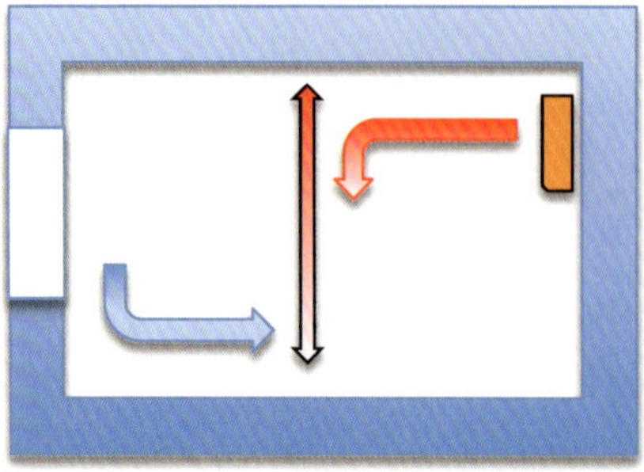

・空気に熱を伝え、その空気を人体まで運び空気から人体に温度を伝える
・空気は熱を伝えにくく、比熱も小さいため暖房効率が悪い
・上下温度差が大きくなり、足下にはコールドドラフトが感じられ、癒やされることなく緊張感が走る
・床面の温度が低いため癒やし感覚がない
・体の表面が温められるだけなので、寒い環境に入ると、すぐに体が冷えてしまう

輻射パネルで暖房する

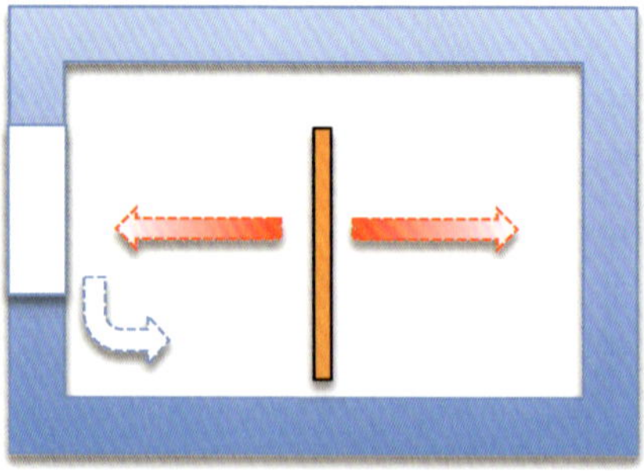

・空気は動かず、断熱材の役を果たす
・あらゆる面が同じ温度になる
・ガラス面も温められるためコールドドラフトがほとんどない
・床面も温度が高くならず人体の対応が緩やかな状態となり癒やし感覚がある
・熱線の効果により、体の芯からあたたまる

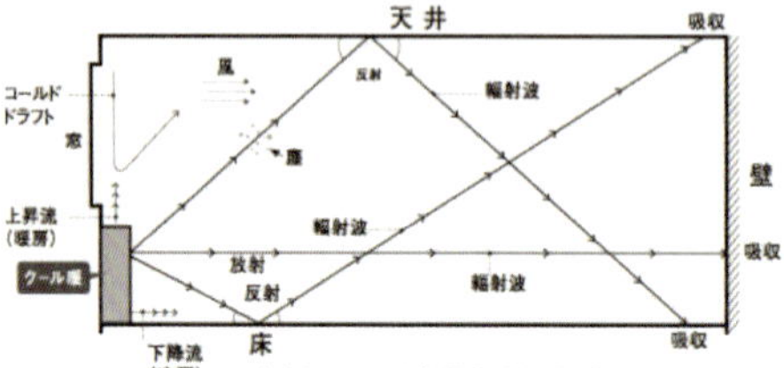

〈 室内における放射（輻射波）の長さ 〉

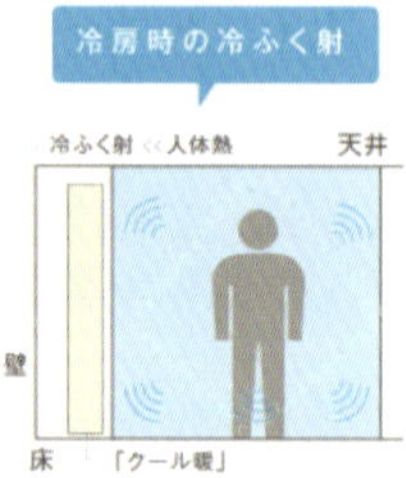

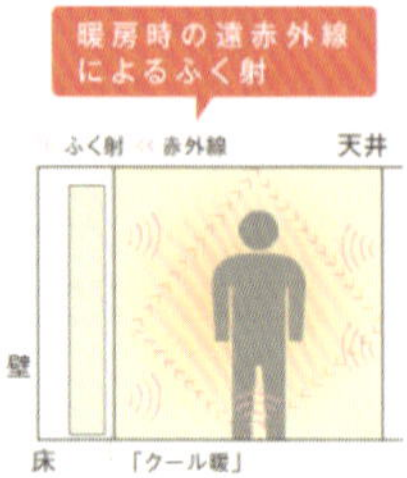

■サウナ（空気のお風呂）では 80～100℃でも、しばらくしないと温まりませんが、お湯のお風呂では 45℃でも熱いくらいで、あっという間に体が温まります。これは物質によって熱容量・比熱が異なるからです。そして、輻射はさらに革命的で、物体から物体への伝導ではなく、遠赤外線という電磁波によって、直接的に人体に熱を発生させる現象なのです。この電磁波は、秒速 30 万㎞という驚くような早さなので、部屋の中を吸収と反射により満遍なく温めることができるのです。その結果、空気温度を不必要に上げることなく、人体や建材を直接温めるため、冬は相対湿度も下がらず乾燥させません。温度差のない空間ができる理由はここにあるのです。体感温度は、空気温度＋周囲の輻射温度を 2 で割った値ですので、暖房時にまったくゾクゾク感がないのです。これが輻射暖房でリラックスできる理由です。

■「エアコン」で冷房するのか　輻射で冷房するのか

「エアコン」で冷房する

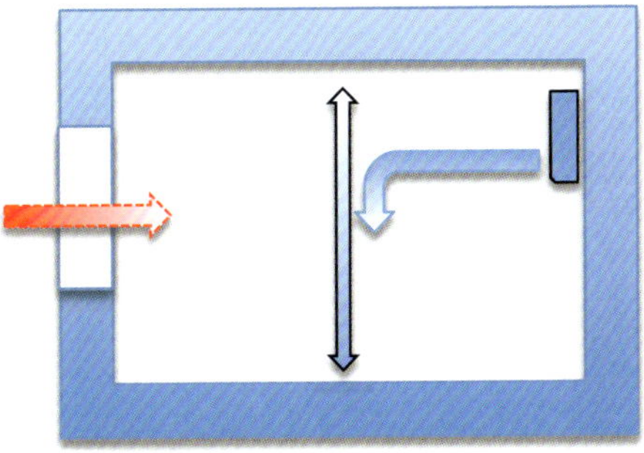

輻射パネルで冷房する

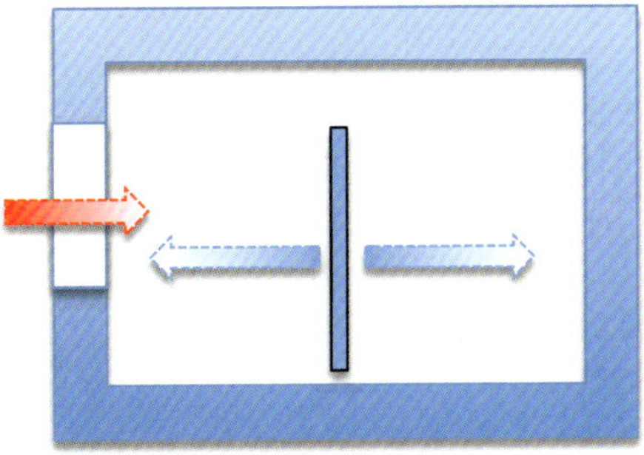

・空気に熱を伝え、その空気を人体まで運び空気により人体の温度を奪う
・空気は熱を伝えにくく、比熱も小さいため冷房効率が悪い
・上下温度差が大きくなり、足下にはコールドドラフトが感じられ、癒やされることなく緊張感が走る
・床面の温度が低いため足や腰が具合悪くなる
・体の表面がひやされるだけなので、熱い環境に入ると、すぐに体が熱くなる

・空気は動かず、断熱材の役を果たす
・あらゆる面が同じ温度になる
・ガラス面も冷やされるため輻射熱が緩和される
・床面も温度が低くならず人体の対応が緩やかな状態となり癒やし感覚がある
・熱線の効果により、無駄なく体を冷やすことができる
・一部の窓を開けても、体感温度はそれほど変わらない

■ 熱が伝わる方法は三態

対流・伝導・輻射の三態がありまますが、輻射の割合が大きいことに驚きます。これについては、様々なデーターがありますが、上向き、下向き、横向きなどその方向によっても多少の違いがあります。また、その物体の放射率（吸収率）によっても異なります。以下のイラストは、理想黒体の場合の割合とご理解ください。アバウトですが、輻射を小さく見て、対流・伝導の熱伝達が 50%、輻射の熱移動が 50%と理解すると覚えやすいでしょう。

赤外線（遠赤外線）の定義

引用資料／日本ヒーター株式会社 homepageより

文献「実用遠赤外線」によれば、赤外線（赤外放射）の定義は 「赤色光0.74μm～波長1000μmまでの領域に相当する電磁波」 である。ここでは赤色光より波長の長い波長領域から１mmまでの電磁波を指している。
ただし、右図に示すとおり波長域の区分は、学会や業界毎に更に細分化されていてまちまちであるので注意が必要である。

■遠赤外線用語JIS原案　「遠赤外線」「赤外線放射」

物質などに吸収されると、他の様態のエネルギーに変換されることなく、直接的に分子や原子の振動エネルギーや回転エネルギーに変換される波長域の赤外線放射。
注記：用語の併記は、JIS化分科会でも統一できなかったことによる（平成６～７年　通産省の委託による　「遠赤外線用語の標準化のための原案作成委員会」での答申）。また、波長域の下限についても数値を定義せず、下記の記述にとどまった。「学会、協会により３、４もしくは５μmのいずれかが下限値として決められている」
JIS 原案以外の遠赤外線（波長域区分方法）の定義を以下に示す。
・IEC 60050-841 (1983-01)　International Electrical Vocabulary. Industrial Electroheatin／４μm～１mmまで
・日本電熱協会／４μm～１mmまで
・遠赤外線協会／３μm～１mmまで

■時間短縮と省エネルギー／遠赤外線の効果

効　果	内　容	備　考
放射伝熱	電磁波の吸収によって物質自体が発熱する。	－
選択性	物質により吸収する波長と吸収率が異なり、加熱されやすいものと加熱されにくいものがある。	－
迅速性	放射体の熱エネルギーが空間を介して被加熱物へ光速で移動	真空中あるいは減圧環境下でも同様の効果
温度効果	放射エネルギーは放射体温度［K］の４乗に比例して増大	ステファン・ボルツマンの法則
面積効果	放射エネルギーは放射体面積に比例して増大する	リフレクター（反射笠）により、反射・集光・拡散して照射することも可能
高効率	空気（雰囲気）を加熱しにくいので熱損失が少ない。	－
清浄度	ガスやほこりの出ないクリーンな加熱ができる	クリーンな環境が求められる場合に有利

	遠赤外線加熱の注意事項	解　説
1	電磁波による熱の移動は放射と吸収の差	熱移動は、絶対零度（-273.15℃）以上の全ての物質間で、温度の高い方から低い方へ向けて起こる。 同じ温度の物質間でも放射エネルギーの分布（分光放射率）により、ある波長域で一方の放射が強ければ、エネルギーの移動は起こり得ると言える。
2	放射率	ある物体からの放射熱と、同じ温度にある黒体（理想物体で放射率は１）放射との比。　　　放射率＝吸収率。 遠赤外線放射材料は遠赤外領域の高い放射率が必要である。材料の種類だけでなく密度、形状、表面状態（鏡面・粗雑）、水分などにより大きく変化する。
3	遠赤外線放射材料	絶対零度以上の物体であれば、岩石、木材、紙、金属、プラスチックなどあらゆる物質から赤外線は放射されている。 しかし、遠赤外線の利用目的が「加熱」や「乾燥」の場合には、放射材料を高温にして大きな（必要な）放射エネルギーを放出させるため、耐熱衝撃性の高いセラミックスや、セラミックコーティングを施した金属が用いられる。 これらのセラミックス材料は、成分や形状、表面状態により遠赤外線波長域での放射率を高めた物質である。
4	遠赤外線の選択吸収性	水の場合、水の厚さが１～１０μmでは遠赤外線吸収の選択性があると言える。（注記1.参照） 水は、波長３μmおよび、６μmの遠赤外線を吸収する（吸収選択性）と言われている。水分子の基準振動数を波長に換算すると、2.66、2.73、6.27μmとなることによる。しかし、単分子状（水蒸気）での話であり、通常の水には適用されない。 注記1. 水の厚さが１～１０μmでは選択性があると言えるが、１mm以上の厚さの水膜は、３μm以上の遠赤外線をほぼ１００%吸収する、と報告されている。
5	遠赤外線は陰をつくる	物体を均一に加熱するとき、遠赤外線の「陰」を作らない工夫が必要。また、表面部分のみを加熱する（表面部分で赤外線がほとんど吸収される場合）することもあり、加熱物の形状により加熱方向や必要電力の設定に注意が必要である。
6	遠赤外線と近赤外線	この使い分けは、赤外線を何に使うか？による。 例えば、印刷物のインクの乾燥や紙の乾燥に赤外線が用いられることがある。 加熱効果では遠赤外線に分があるが、インクや紙の乾燥には近赤外（0.7～3.5μm)が優るという報告が多い。塗装の焼き付けや乾燥では波長0.7～5μmの近赤・遠赤外線が使われている。このように用途によっては使い分ける場合もある。 発熱体は、遠赤外線のみあるいは近赤外線のみを放射するわけではない。放射する波長のピークや分布の仕方で発熱体の性能（赤外線放射の性能）が決まる。発熱体の種類を選択するには、加熱・乾燥などの目的と対象物の赤外線吸収率を把握し、どのように加熱するか、最適な赤外線加熱を検討しなければならない。
7	ヒーターの予熱	セラミックヒーターの場合、通電後使用温度に到達するまでに１０分～１５分程度の予熱（待ち時間）が必要である。 タイムラグを許容できない場合は、放射波長のピークが近赤外線の範囲にある点に留意して、ハロゲンランプや石英管ヒーターを利用する。

輻射パネル＋さまざまな熱源という夢の方式

■放射冷暖房システム

夏 15-20℃、冬 30-40℃の水で冷暖房が可能 。
穏やかな温度、自然な涼しさ・あたたかさが実現できます。
天井が高い大空間でも効率的に冷暖房を実現します。
風と音のない静寂の環境。
熱源は、地下水／空冷ヒートポンプ／水冷ヒートポンプ／地熱源ヒートポンプ／太陽熱温水器／ガスボイラー／廃熱回収機器などが考えられます。

■　輻射暖房時の状況を下図に示します。特徴は、窓以外の床・壁・天井の温度が全て同じだと言うことです。室温より床・壁・天井の温度が高い状態となり、身体の芯から温められる
体感が得られます。

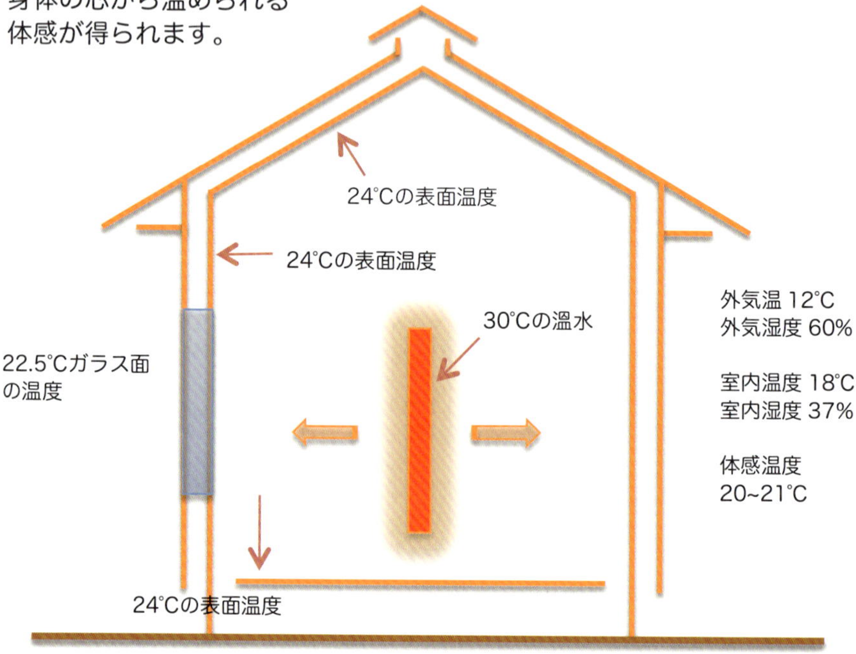

輻射パネルの材質による放射効率の違い

■　温度と放射（輻射）エネルギーの関係

放射エネルギー（W／㎡）＝σ x Tの４乗
＝５.67 x 10の–8乗 x 絶対温度（ケルビン）の4乗。

σ（シュテファン＝ボルツマン）定数は5.67 x 10の–8乗。
絶対温度＝摂氏＋273です。
もっと実用的な計算式：黒体は存在しないので、σの代わりに放射率95%のεを使います。この値は赤外線温度計で採用されているものです。放射率は物体ごとに異なります。
黒体は全部放射エネルギーを吸収する物体で、吸収率１。このようなものは世の中にありませんから、物体の吸収率を乗じます。灰色体といいます。地球は光の３割を反射しているので、吸収率 0.7 です。

放射エネルギーはTの４乗に比例するのが特徴ですので、輻射パネルに流れる温水が、数度異なるだけでそのエネルギー量は大変異なるということなのです。温度差の４乗倍異なるのですから。
輻射パネルの材料は放射率の高いものが有効に働くということになります。
これまでの製品は鉄製が多かったのですが、塗装、あるいはセラミック塗装してはじめて放射率が高くなります。「クール暖」では、ポリプロピレンを使用していますが、これは素材そのもののままで期待できる放射率を持っています。また、腐食に対しても、耐食性があり今後普及する中でより安価になり普及することが望まれます。

材料名	熱伝導率	容積比熱	比熱容量	放射率(吸収率)			熱拡散率
	W/mK	KJ/㎥K	J/gK	1μm	3～5μm	8～14μm	㎟/s
水	0.6	4178	4186			0.93	14
水蒸気			1850				
空気(乾燥)	0.02	1.3	1005				
空気(湿度100%)			1030				214
木	0.12	519	-		0.9~0.95	0.9~0.95	
土壁	0.69	1072	-		0.9~0.98	0.9~0.95	1.8中間湿気
高性能グラスウール16kg/㎥	0.038	13.4	-				44ミネラル系
硬質ウレタンフォーム	0.025	520	-				30
板ガラス	1	-	-		0.98	0.85	43
鉄	53	858		0.35/0.85酸化面	0.18/0.85酸化面	0.10/0.80酸化面	13.9
アルミ	209.5	2374		0.13/0.40酸化面	0.05/0.30酸化面	0.025/0.35酸化面	879酸化
レンガ赤	0.61	1381		0.8	0.93	0.9	
コンクリート	1.3/1.62	1909/1910		0.65	0.9	0.9	66
セラミック				0.4	0.95	0.9	
ポリプロピレン	0.12				0.95	0.95	
アスファルト					0.95	0.95	
石膏					0.4~0.97	0.8~0.95	
塗料(アルミ除く)						0.9~0.95	
紙(色問わず)					0.95	0.95	
布					0.95	0.95	

※測定結果については測定条件により動くようです。0.05前後程度の動きがあるものとご理解ください。

ふく射冷暖房ラジエータの比較（テスク社の資料より）			
項目	概　論	クール暖	金属製品
素材		素材：ポリプロピレンランダム（PPR） 安定剤（ﾏｽﾀｰﾊﾞｯﾁ）5%混入による 2層構造の樹脂パイプで紫外線劣化を防いでいる。	素材：鉄･アルミニューム 表面に防錆塗装 表面にｾﾗﾐｯｸを塗装した製品もある
熱量	放熱量はラジエータを循環する水量とラジエータ入口、出口の温度差の積で求めます。 Q（放熱量）＝W（水量）xΔt（温度差）	細いパイプ（外径φ13．0）を細かい20mmピッチで配列した製品を前後2列に配置することで、投影面積当たりの放熱量を確保しているので、金属製品と同等以上の能力を有している。	防錆塗装加工のため、パイプピッチは50mm以上の間隔が必要と思われる。それ故、ピッチを細かくして表面積（放射面積）を確保することはできない。
放射率	各素材（素材＋塗装）はそれぞれ固有の放射率（吸収率と同意語）を有している。 なお、理想黒体の1．0が最大値である。 総放射ｴﾈﾙｷﾞｰ量は次式から求めます。 そこで、放射ｴﾈﾙｷﾞｰ量は素材の放射率の4乗に比例することが理解できます。 E＝ε σT4 E：総放射ｴﾈﾙｷﾞｰ量（対流ｴﾈﾙｷﾞを除く） ε：放射率 σ：ｼｭﾃﾌｧﾝ･ﾎﾞﾙﾂﾏﾝ定数 T：絶対温度（－273＋ラジエータ表面温度）	クール暖に利用しているPPRの放射率は0．95で、理想黒体の1．0に限りなく近い。 丸パイプ形状のため放射角度が広く、発熱面からの二次放射が発生し、熱効率が高い。 ＊放射率特性 金属製ラジエータでは窓下設置が必須であるが、クール暖はその放射率特性から設置場所を選びません。窓面と反対側に設置することができます。	鉄素材の放射率は0．066であるが、塗料を塗布することで放射率の改善を図っている。 メーカー表示では放射率0．4が最高。 ＊放射率特性 放射ｴﾈﾙｷﾞｰ量が少ない為、室内の温度分布にムラが生じる。暖房時には窓面からのコールドドラフトを考慮して、窓下設置が必須条件である。
除湿耐用年数	製品は「除湿型放射冷暖房放熱器」と呼ばれるもので、ラジエター表面を結露させることで除湿している。しかしながら、ラジエータの結露だけでは快適な湿度が保てないので、除湿・調湿装置との併用が企画されている。	「除湿型放射冷暖房放熱器」と呼ばれるもので、ラジエター表面を結露させることで除湿している。 24時間換気ｼｽﾃﾑに除湿用熱交換器を組み込んだ特許申請の独自ｼｽﾃﾑの提案。 樹脂製なので錆の心配は無い。	「除湿型放射冷暖房放熱器」と呼ばれるもので、ラジエター表面を結露させることで除湿している。 素材が金属であることから、表面からの錆が懸念される。
設置場所	冷房時の結露対策からのラジエータ設置壁面からの離隔寸法について	＊離隔寸法30mm 壁面設置・間仕切り壁面内設置が可能。しかも隔離寸法30mmで可能。住宅など小さな空間（5㎡）でも壁内に埋め込み設置できるので、室内有効面積は不変。	壁に近すぎると壁面結露が起きるので。壁面設置時の離隔寸法は150mmと言われている。 一般的には間仕切り兼用のパーテーションとして大きな空間の利用が多い。
作業性		水より軽い樹脂を採用しているので軽量。運搬・設置等の作業性に優れているので、作業費の低減にも有効である。	本体重量が重く、搬入・設置工事他作業性に難あり。　また、地震時他の安全性にも課題がある。

プラスチックは材質によって吸収波長が異なります。主な材質の吸収波長を次に示します。

材質	吸収波長（μm）
ポリエチレン（PE）	3.4μ　6.9μ　14μ
ポリプロピレン（PP）	3.4μ　6.9μ　7.3μ　8.7μ　10.2μ　10.4μ　12μ
ポリエステル（PET）	5.8μ　7.1μ　7.5μ　7.9μ　9.0μ　9.8μ　10.4μ　12μ
ナイロン	3.0μ　3.4μ　6.1μ　6.5μ　7.9μ　8.3μ　10.5μ
ポリカーボネイト	3.2μ　3.4μ　4.4μ　5.7μ　6.3μ　6.8μ　8.2μ　10μ
塩化ビニール	3.4μ　5.8μ　6.3μ　6.9μ　7.9μ　9.0μ　10.5μ
ポリスチレン（PS）	3.4μ　6.2μ　6.9μ　7.3μ　8.6μ

薄いフィルム状のもので吸収波長の資料がないものは、赤外線分光器での測定が必要になります。

プラスチックは選択吸収体です。特定の波長で透過と吸収（放射）が大きく変化します。透過が大きい波長では放射率が低いため、温度測定が上手くできません。このため、吸収（放射）が大きい波長で測定する必要があります。

プラスチックの輻射冷暖房「クール暖」

「クール暖」は空気を冷やしたり暖かくすること無しに、身体を冷やしたり温めたりします。それは、目に見えない遠赤外線による効果なのです。
遠赤外線とは電磁波です。太陽光のように物体との相互作用の結果、熱が発生する現象なのです。皮膚や皮下脂肪に熱を発生させるのです。
これはエアコンのような対流や伝導による冷暖房では不可能です。遠赤外線は電磁波です。その速度は 30 万㎞／秒。地球 7 回り半です。この速度で、室内を駆け巡り、部屋の隅から隅まで等温空間にしてしまうのです。
さて、この輻射熱を発生させる効率的な仕組み、それが「クール暖」です。

エアコンとは違い、直接、温風や冷風を出さないため、ハウスダストやダニ、カビなどの微細煤塵を空気中に巻き上げたりすることはありません。 さらに音もなく、臭いも出さない。冷暖房器のイメージを根本から変えています。

熱源は、現在の所最も効率的なヒートポンプを使います。空気熱源ヒートポンプが使いやすいですが、水熱源や井水でも条件によっては選択することができます。
室内の輻射熱発生体は、これまでの鉄に代表される金属ラジエーターではなくポリプロピレン製のラジエーターを基本的に使用します。
「そらどまの家」では、使用条件により金属製ラジエーターを使うこともあります。暮らしの場に最も適した選択と組合せをして行きます。

夏には冷水、冬には温水を循環させる、ヒートポンプと組み合わせた冷暖房システム「清涼と陽だまりの家」

COOL DAN

年中いつでも自然の心地良さ
ふく射冷暖房
クール暖

遠赤外線と、ふく射波による
どこにもなかった、この空気品質。
四季を通じて「省エネ」「環境保全」「健康」を
高次元で実現した次世代のための、
新しい快適さのご提案です。

※1階と2階に「クール暖」を
設置したイメージ図です。

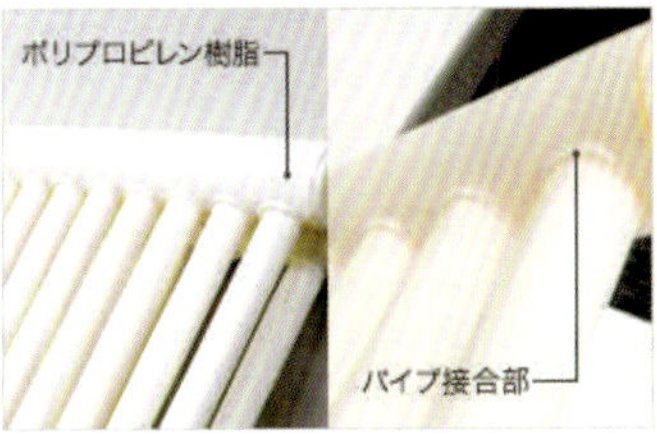

金属製パネルヒーターと違い、
腐食がなく、長持ち。
リサイクルも可能！

PP製輻射パネルは**プラスチックの新鮮な発見！**

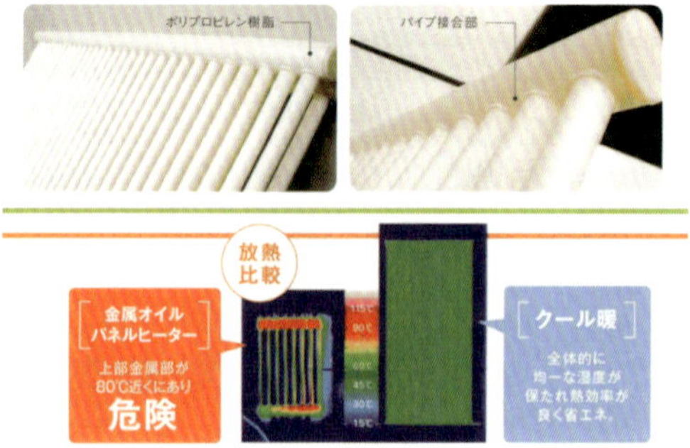

■世界ではじめてポリプロピレンを輻射パネルに採用

プラスティックの住宅用冷暖房パネルは世界初。金属パネルのような腐食がなく、湿気に強い。そのため高品質を長く保ちます。さらに超軽量で高熱耐久性、放熱性に優れ、リサイクル可能な素材のため地球環境にも優しい素材です。

■子供が触っても火傷しないパイプ温度

「クール暖」は放射率が良いため、金属パネルに比べて低い温度での暖房が可能。そのため表面温度が低く子供やお年寄りへの心配もありません。また、衝突によるけがの心配もありません。

■金属パイプとの違いが凄い！

これまでまがい物にされてきたプラスチック。ようやく他の材料に勝る発見ができました。「エアコン」に代わる暖冷房機として今後が期待されます。

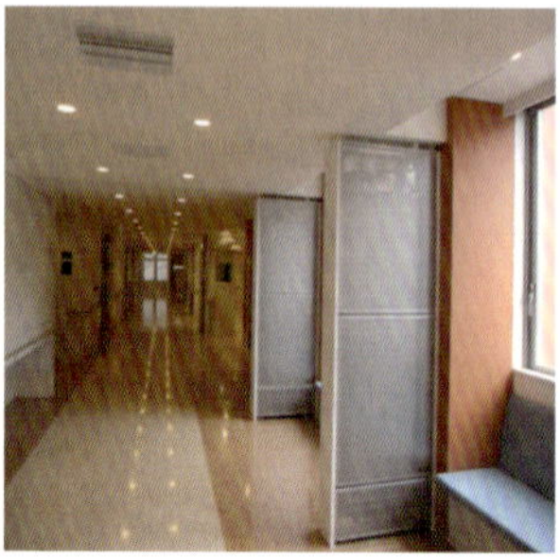

■事例／介護老人保健施設「葵の園・武蔵小杉」

空気熱源ヒートポンプ床置き型
ヒートポンプエアコンによるMARUYA式蓄熱床冷暖房

一般に普及しているヒートポンプ式エアコンの床置き型を利用して、床下空間に冷温風を吹き込んで暖冷房を行なう。人体に直接風が当たらない分快適になる。基本的には床輻射による冷暖房を実現する。
床面には、冷温風の吹き出し口があり、ベタ基礎のコンクリートが蓄熱体となり室温の安定化を図る。OMソーラーシステムと同じ床構造となっている。

居間の収納家具にはめ込んだエアコン室内機。床に沈み込んでいるのが特徴。メンテナンス用に周辺にははめ込みの板があり取り外し可能となっている。(右下写真)

洗面台の巾木部分や、和室のもの入れの巾木部分から冷温風が吹き出す。

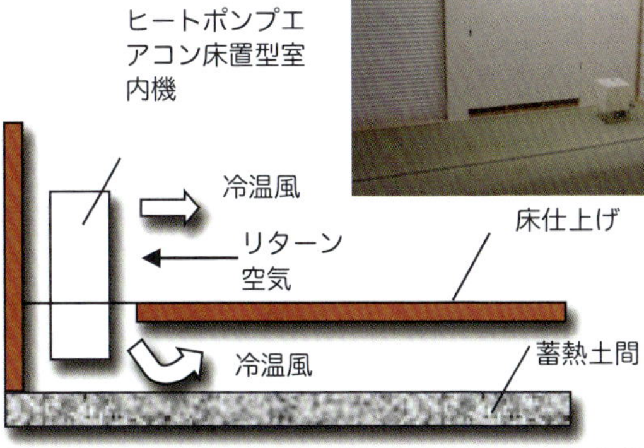

 設計：丸谷博男＋ARTS AND ARCHITECTURE

サーキュレーター布ダクト方式

■ 階段の吹抜けを使ってサーキュレーターを設ける

２階に上がった暖気を１階に吹き下ろす布ダクト。ぶつかっても怪我もなく、透けて見えるので空間を邪魔しない。照明器具を入れると、吹抜けの照明になる。使用したのは麻。手造りです。

設計／丸谷博男＋ARTS AND ARCHITECTURE

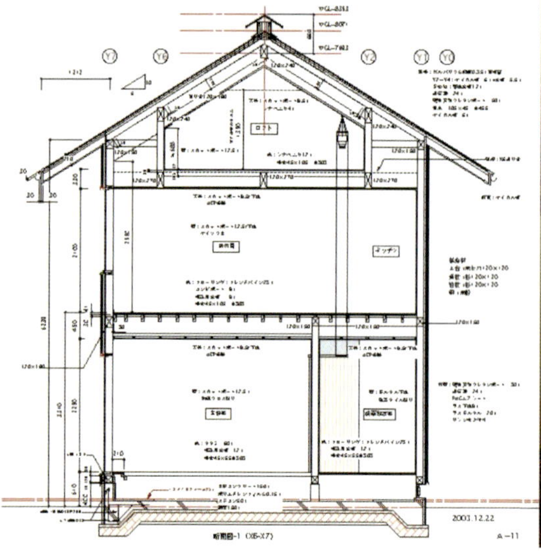

地熱源ヒートポンプ1

■ 地中熱は太陽のエネルギー

地中熱とはおおよそ地下 200mより浅い地盤に賦存する、温度が 10℃～17℃程度の低温の熱エネルギーです。その源は地表面からの太陽エネルギーと地殻深部からの熱流ですが、一般的には太陽からの日射による影響の方が大きいといわれています。
地中熱ヒートポンプシステムは冬は外気温度よりはるかに暖かく、夏も外気温より低い熱源を利用することで年間を通じて高効率な運転が可能となります。

■地中の垂直温度分布

測定地：札幌市中央区南22条西10丁目

右のグラフは札幌市における地中の垂直温度分布です。5mより浅い部分では季節により温度がばらついており、外気温の影響を受けています。特に表層では1月の0°Cから7月の約22°Cまで温度幅がありますが、8m以下では温度のばらつきは見られず、ほぼ10°C一定になっています。

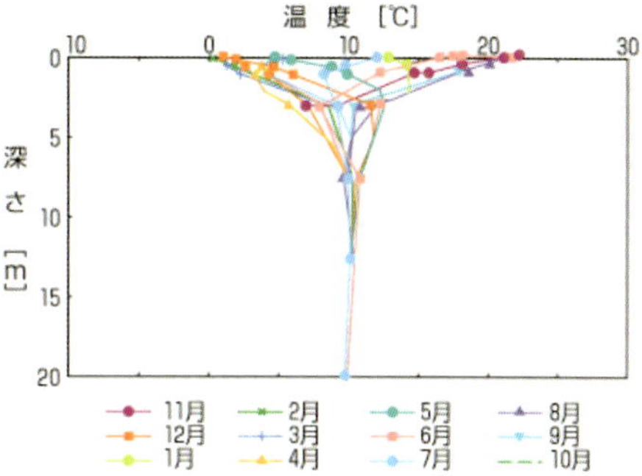

一般に、深さ8mより深くなると年間を通じてほぼ一定で、その温度はその土地の年平均気温よりも1～2℃前後高く、仙台15℃、東京で17℃程度といわれています。

資料提供：北海道大学 長野研究室

■ 地中熱ヒートポンプとは

ヒートポンプとは熱（Heat）を汲み上げる（Pump）ことから名づけられている通り、温度の低いところから温度の高いところへ熱を移動させる仕組みのことです。
温度の低いところから温度の高いところへ熱を移動させる動力は、水ポンプにおける高低差と必要動力の関係と同じように、温度差が増えれば増えるほど大きくなります。地中熱は外気温に比べて室内との温度差が小さいため、必要な動力が小さくなります。

水位の高低差と動力の関係

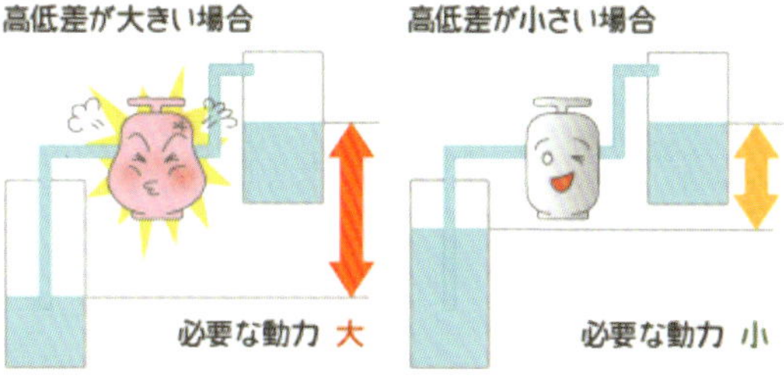

地中熱ヒートポンプは、地中からの自然エネルギーを採熱し、使用電力の4倍の暖房エネルギーを作ります。

この割合は暖房用温水温度と地中熱温度によって変動します。

●シミュレーション条件（当社試算による）

・延床面積／木造住宅 125m² ・熱損失係数(Q値)／札幌 1.6W/m²K、 東京 2.7W/m²K （次世代省エネルギー基準相当） ・暖房負荷は暖房度日法により計算 （室温20°C、全室24時間暖房）

●使用した原単位

電気・灯油： 環境省地球環境局『地球温暖化対策地域推進計画策定ガイドライン第３版』による **ガス**： 北海道ガス株式会社(札幌の場合)、東京ガス株式会社(東京の場合)による **１次エネルギー換算**： NEDO エネルギー関連資料 (平成 22 年)

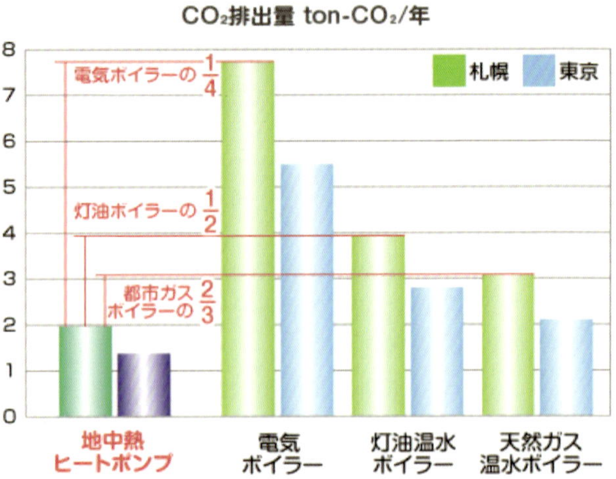

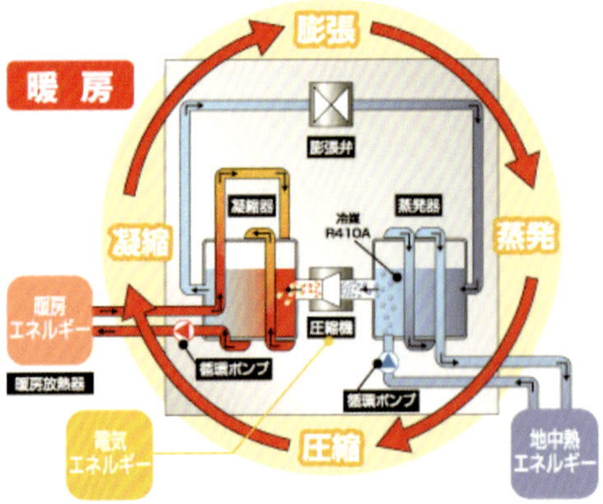

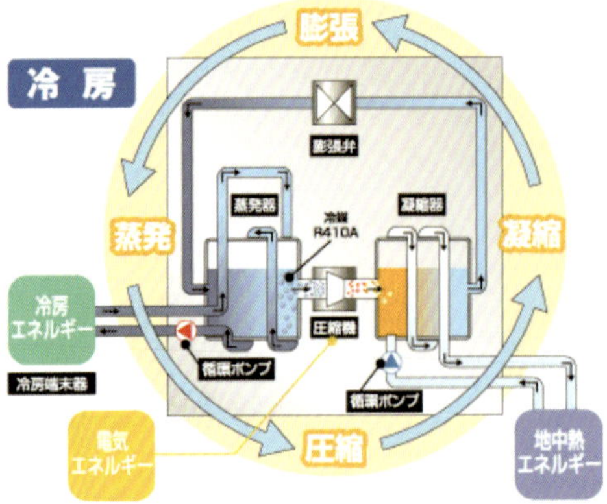

※冷房は暖房サイクルとは反対に、室内から奪った熱を地中に放熱します。

■ 暖房運転

外気より高い温度の地中熱を熱源として、暖房を行うため効率の良い暖房運転が行えます。また、除霜運転が不要となり、連続的な運転が行えます。

■ 冷房運転

外気より低い温度の地中熱を排熱源として、冷房を行うため、効率の良い冷房運転が行えます。また、冷房排熱を外気に放出せず地中に放熱するため、ヒートアイランド現象の抑制に繋がります。

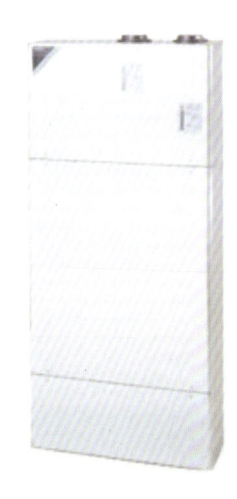

サンポット
GSHP-1001

■仕様

外形寸法
幅700×奥行580×高さ1500cm
重量90kg
能力
冷房能力：10.0KW （COP3.2）
※ 採熱温度 30°C、冷水温度 7°C
暖房能力：10.0KW （COP3.7）
※採熱温度 0°C、温水温度 35°C

■冷暖房兼用オールインパッケージ

冷暖房熱源に必要な部材をすべて内蔵

■ 薄型スリム

ステンレス外装で屋外設置可能、狭い場所にも設置可能

■ ボアホール方式

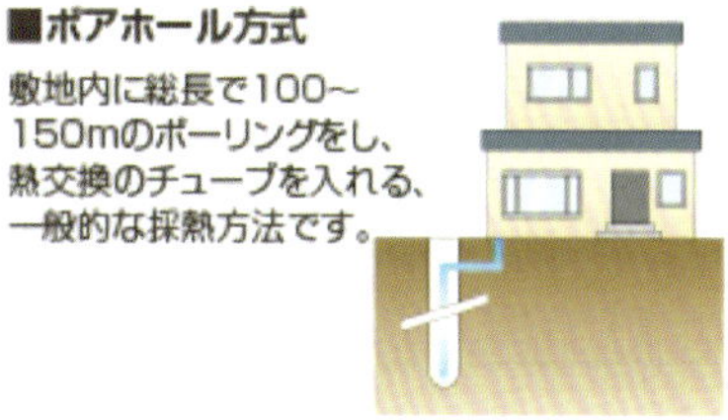

敷地内に総長で 100～150m のボーリングをし、熱交換のチューブを入れる、一般的な採熱方法です。

・日本および北欧で主流な方式であり一般的である。

・年間通して温度が一定である 8m 以下の熱を利用するため、安定的に熱量を採熱できる。

・家庭用で導入されたシステムはほとんどこの方式であり高い信頼性がある。

■ 基礎杭・採熱専用杭方式

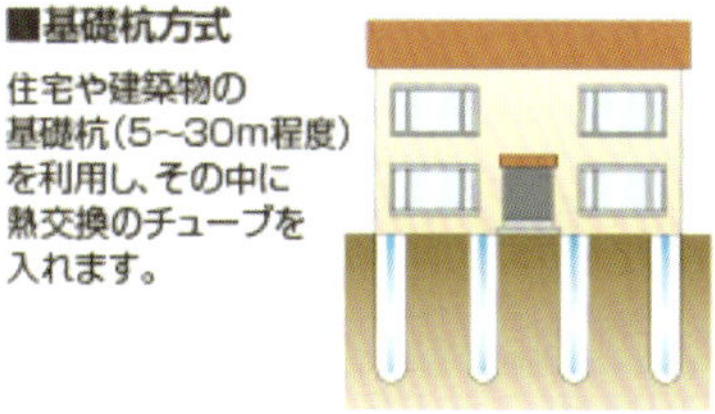

住宅や建築物の基礎杭（5～30m 程度）を利用し、その中に熱交換のチューブを入れる方式です。

・建築杭を利用するためボーリング工事費が不要となる。（ただし、多数の杭を配管で接続する配管工事費は必要となる。）

・口径が大きくなるほど、多大な採放熱性能を発揮する。

・大規模な物件等で採用実績が多い。

・ ボアホール方式に比べると短く、多数の杭が熱的な影響を及ぼし合うので、採放熱量の計算には十分な検討が必要となる。

■ 水平ループ方式

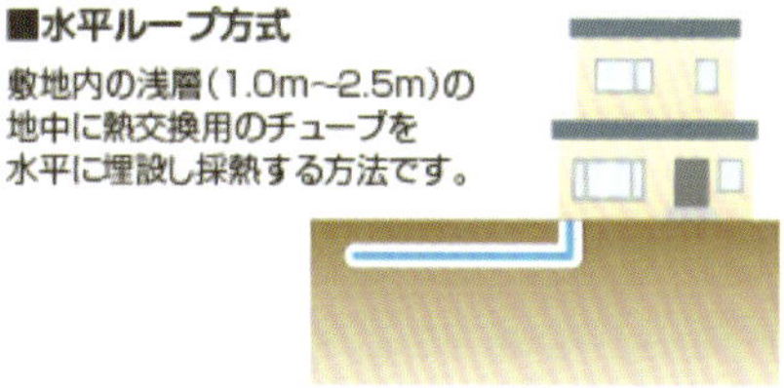

敷地内の浅層（1.0～2.5m）の地中に熱交換用のチューブを水平に埋設し、採熱する方法です。

・ 浅い地中熱利用であるため、大型のボーリングマシンを必要としない。

・ 日本での実績が少ない。

・ 採熱に暖房面積の 1～2 倍の面積が必要となる。

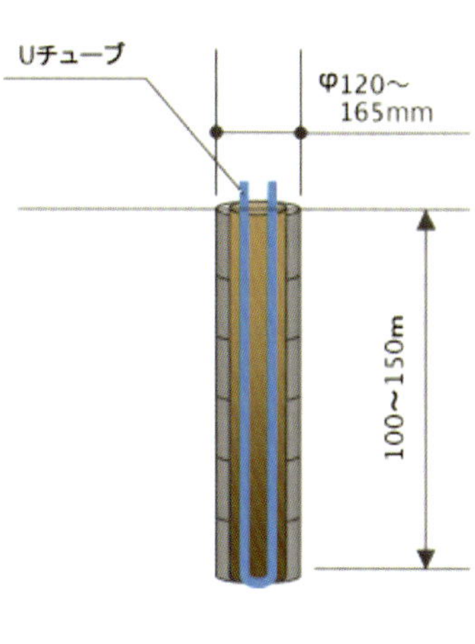

引用資料／サンポット（株）
http://gshp-sunpot.jp/about.html

地熱源**ヒートポンプ2**

ヒートポンプの中の冷房ガスが直接、地中と熱交換する

藤島建設「ジオシステム」

地熱は、採熱配管から家の機能の心臓ともいえる「ジオシステム」の機械設備の中に取り込まれます。心臓部のジオシステムは、地熱を使ってたった１台で冷暖房・給湯をこなす優れたヒートポンプです。家中のエアコン室内機や給湯器をつないで、快適な冷暖房を行なったり、キッチンやお風呂、洗面所などのお湯をつくる優れた機能を持っています。

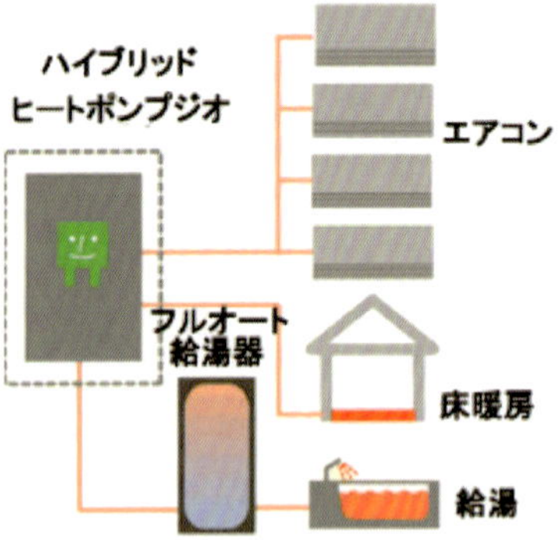

ジオ　フルオート給湯器

■ 建築費を安く、地熱を採るために独自の工法

地中から熱を採るには、地中に十数メートル杭を打ち込み、その中に採熱管を組み込むので、建築費がとても高くかかります。
藤島建設では、新築時には地盤安定のために杭を打ちますので、その中に採熱チューブを組み込むと建築費が安くなることに気づきました。まさに逆転の発想ですね。

・ 地中採熱用地盤改良杭、合計12本あります。地下10Mまで採熱チューブを挿入。合計12ヶ所あります。

・この採熱チューブ配管の中にR410Aと呼ばれる冷房ガスが循環して、地熱ヒートポンプが運転します。

・従来の地熱ヒートポンプは不凍液を循環させて運転していましたので、循環ポンプの電気料金が発生しましたし、工事も大変で、工事費用も大きな金額でしたが、このシステムはヒートポンプの中の冷房ガスが直接、地中と熱交換するタイプなので、従来タイプより電気料金を安く出来て、工事も簡単、工事費用も安く上がります。

このような先端技術を採用しているのは藤島建設だけです。

空気熱源ヒートポンプ 3
調布製作所「エネフロー」

火を使わないから、小さなお子様やお年寄りにもやさしい。

グッと快適、もっとエコ。

温水熱源機・冷温水熱源機 AEY(H)(C)シリーズ

お部屋の空気を汚さないので、
小さなお子様がおられ、
一日中暖房が必要な方には
最適な商品です。

注意
イラストは温水専用熱源機として使用した場合です。(床パネルには冷水は使用できません。)

高いエネルギー消費効率

AEYH-4037は圧縮機や空気熱交・水熱交換器の高効率化などにより、床暖房運転時COP4.12を達成。

(注)6.3kWクラス
ヒートポンプ式温水熱源機において外気温7℃(乾球)、6℃(湿球)、循環水戻り25℃、循環水6L/min、循環水に水道水を使用した場合の値です。

■熱交換器比較

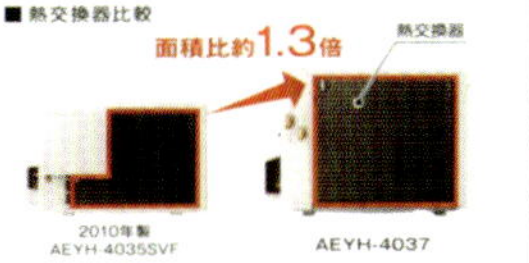

低温時暖房能力の向上

AEY(H)(C)-4037シリーズは、空気熱交・水熱交換器の高効率化により、低温時での暖房能力を向上。

(注)外気温2℃(乾球)、1℃(湿球)、循環水戻り温度25℃、循環水6L/min、循環水に水道水を使用した場合の値です。

■低温時暖房能力

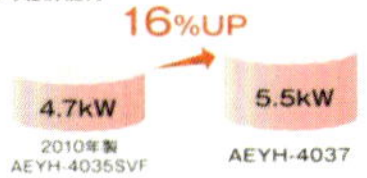

高い耐久性

・室外機の底板と脚にサビに強い高耐食性鋼板を使用しています。(7135シリーズは、外装板と同じ高級粉体塗装を施しています。)

・室外機制御基板には特殊樹脂による両面コーティング加工を施し、湿気・ほこり・虫・腐食等によるトラブルを防止します。(7135シリーズは、特殊樹脂によるポッティング加工を施しています。)

施工性向上 オールインワンパッケージ

温水回路を構成する部品は全て機器内にレイアウト。循環配管位置の見直し、機器前面への循環ポンプの配管などを行うことで、施工性やメンテナンス性を向上。

■冷温水熱源機(AEYCシリーズ)の特長

1 大能力10kW

AEYC-7135SVFM-1、2は寒冷地需要に対応した温水出力10kWの大能力タイプ。

AEYC-7135SVFM-1
AEYC-7135SVFM-2

2 密閉回路方式

密閉式※1の場合、鉄製パネルヒーターなどの放熱器が使用でき、上方は10m以内・下方は5m以内まで対応できるので、設置の自由度が広がります。

※1 AEYC-7135SVFM-1、AEYC-7135SVFM-2
AEYC-4037Mを密閉回路方式に変更した場合。

3 冷水運転が可能※2

AEYCシリーズは、温水だけではなく冷水の供給もできます。ふく射式冷房パネルを用いた冷房などに利用できます。

※2 冷水の使用は、結露対策が施された冷水専用端末の選定が必要です

空気熱源ヒートポンプ4

三菱電機「エコヌクール」

エコヌクールとは？

大気の熱を吸収して暖房に利用する「エコヌクール」。
効率的で省エネ性も抜群。

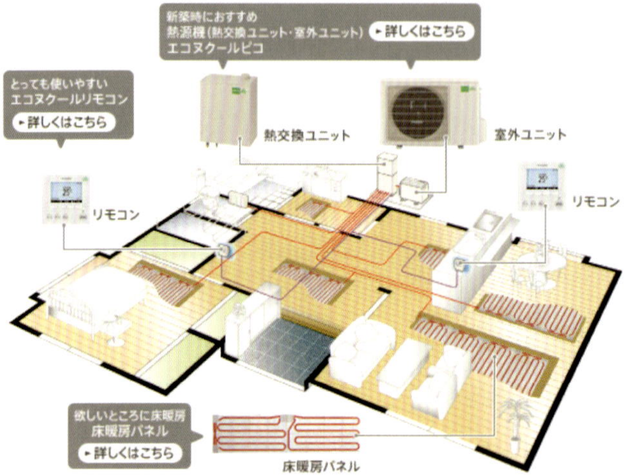

三菱電機と長府製作所との違いは、熱交換器です。
三菱電機は熱交換器を別置していますが、長府製作所は一体型としています。
それぞれ一長一短があり、設置場所の気候や、スペースなどで総合的に判断する必要があります。
また、必要な能力に対応したものがどれなのかを見極める必要があります。
どちらにしても、今後の普及の中で、より安価になることを望みます。

快適暖房

お部屋まるごと、きもちいいあたたかさ。

エコヌクールは、マイルドな温水を利用する床暖房システムです。
冷えやすい足元をじかにポカポカにしながら、お部屋中の
空気を温度ムラの少ない
やさしいあたたかさへ。
座っていても
立っていてもきもちいい、
とっても健やかな
頭寒足熱暖房なのです。

■床面から天井までの温度分布

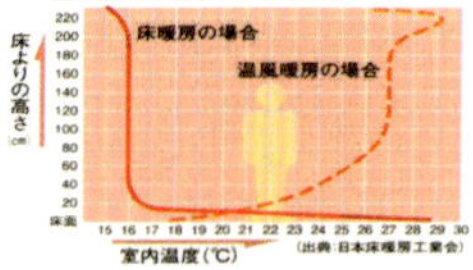

（出典：日本床暖房工業会）

からだの中からもポカポカに。

床暖房は、床からの伝導熱に加え、遠赤外線のふく射熱により
からだの芯からあったかに。陽だまりにいるようなそのぬくもりは、
家族だんらんの時間もますます心地よくしてくれるでしょう。

空気を汚さず、お肌やのどにやさしい。

燃焼がない暖房なら、お部屋の空気は清潔。そのうえ温水タイプ
だから空気の乾燥が少なく、お肌やのどにもやさしいんです。

省エネ効果

大気の熱を利用する、かしこいヒートポンプ式。

暖房用の温水をつくるエネルギーのうち、じつに1/2 〜 2/3を
大気の熱でまかなう先進のヒートポンプ式熱源機を採用。
これなら全館まるごとの床暖房も、がっちり省エネで楽しめます。

高効率だから、少しのエネルギーでたっぷり床暖房OK。

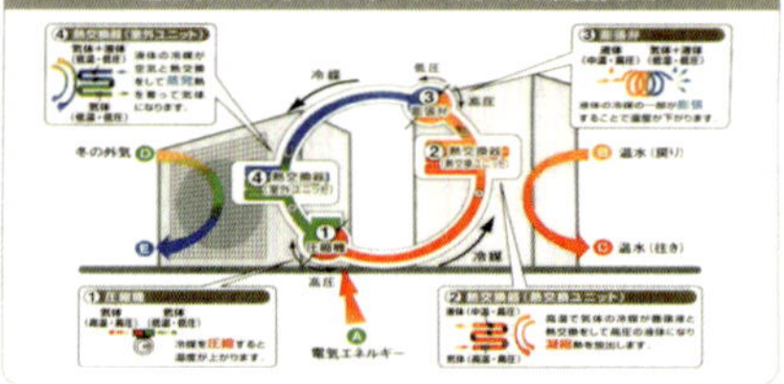

ランニングコストはガス方式の約1/2〜2/3!※

温水暖房は、お部屋の温度をおさえめにしても十分な快適さが
得られる大変効率のいい暖房です。
そのうえ、省エネ性の高いヒートポンプ式ならいっそう家計思い!

※ 暖房1kWあたりのランニングコストで比較。ガス熱源＝"1kWあたりの単価14.8円/kWh（税込）、効率0.85"、ヒートポンプ式熱源＝"1kWhあたりの単価22円（税込）、効率2.0〜3.0"にて算出。エネルギー価格は、電気＝22円/kWh（税込）（全国家庭電気製品公正取引協議会 平成16年2月新電力料金目安単価より）、ガス＝189.5円/m³（税込）（日本ガス協会ガス事業便覧（平成22年版）都市ガス全国平均より）。ヒートポンプ式熱源の効率は外気温によって変動します。エネルギー価格は条件によって変動します。ランニングコスト比較はめやすであり、使用地域・使用時期・使用状況により異なりますのでその値を保証するものではありません。参考値としてお考えください。

「そらどまの家」パッシブ式採暖採涼システム

井戸水と太陽熱温水器を併用した給湯、輻射冷暖房方式。
温水蓄熱層、冷水蓄熱層は不凍液を貯留する。
給水は井戸水を使用する。（水質によっては熱だけを利用する）
温水の補助熱源は給湯用ボイラー、またはヒートポンプ。
冷水の補助熱源は、井戸水以外には設備しない場合と、ヒートポンプ利用とする。

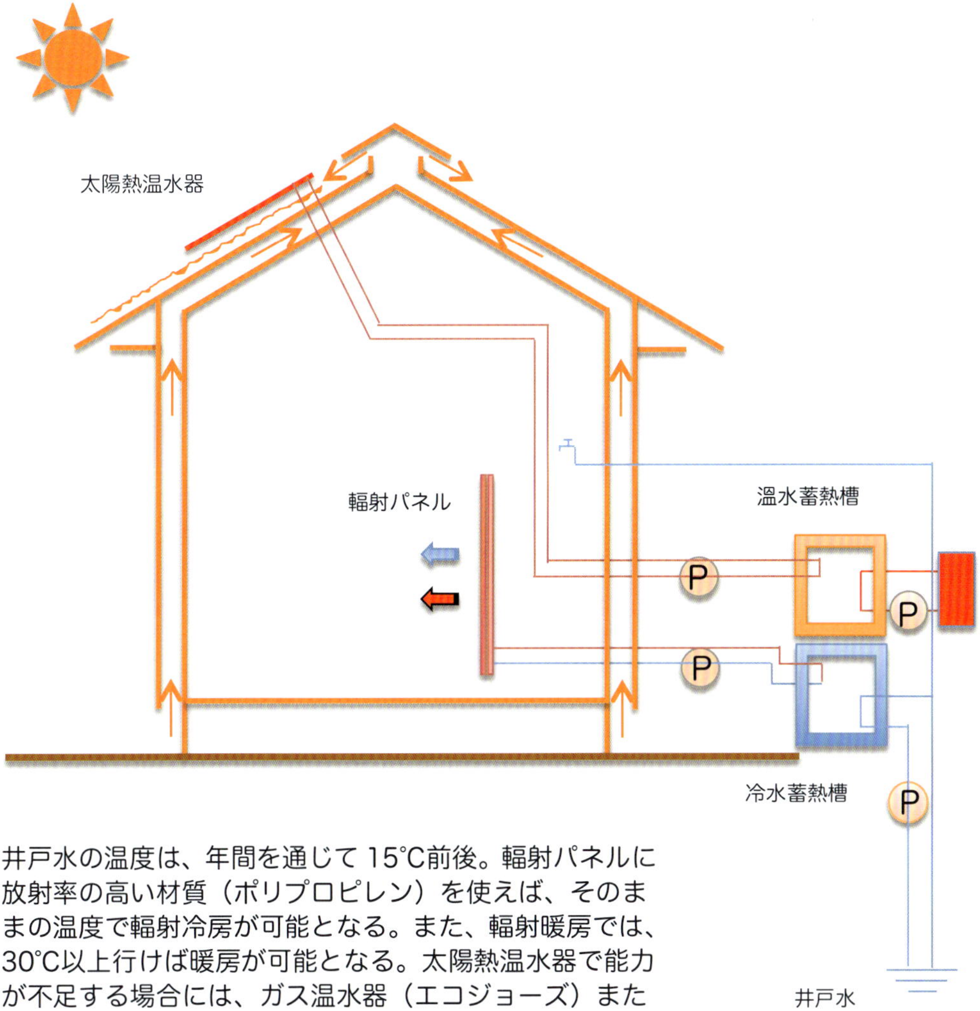

井戸水の温度は、年間を通じて 15°C前後。輻射パネルに放射率の高い材質（ポリプロピレン）を使えば、そのままの温度で輻射冷房が可能となる。また、輻射暖房では、30°C以上行けば暖房が可能となる。太陽熱温水器で能力が不足する場合には、ガス温水器（エコジョーズ）またはヒートポンプを利用して補助熱源とする。あるいは、薪ストーブ（ペレットストーブ）を使っても良い。
このようなシステムは多様に考えられます。地域の条件、その土地の条件によって検討します。

■井戸水は　夏は冷たく、冬は温かい？

地表付近の土壌の温度は、太陽が照りつける昼と、太陽が沈んだ夜間では大きな変化があります。同じように気温の高い夏と低い冬でも地温に大きな差があります。しかし、地中深くなるにつれて地中温度の一日の変化（昼と夜）、季節変化（夏と冬）はだんだんと小さくなります。
一般的に50cmの深さで一日の変化が、10mで一年の変化がほとんどなくなると言われています。年間の温度変化がなくなる地下10mの地温は、その土地の年間平均気温と同じか、1～2℃高い温度に保たれます。
地下水は地上に降った雨や雪が長い年月を経て地下深くの帯水層と呼ばれている小石や砂の間に貯まります。地下10m以下の帯水層に貯まった地下水は、夏に降った雨がしみ込んでも、冬の雪が溶けてしみ込んでも、同じ水温になります。これを井戸水としてポンプでくみ上げるため、井戸水は夏でも冬でもほぼ同じ水温になり、夏冷たく冬暖かく感じます。
日本では、地域により異なりますが、関東平野、濃尾平野、大阪平野では水温16～18℃、年間の温度差は1℃以内であることが一般的です。
もちろん、深さが数mの浅い井戸では、年間の温度差の影響を受け、逆に100mを越える深い井戸では、地温の上昇により、年間の水温差はありませんが、段々と高くなります。
深くなると地温（水温）が高くなるのは地球内部のマグマの影響で、地域により異なりますが、100mにつき約3度上昇します。このため、1,000mの井戸を掘ると地表の気温より30℃高くなり、水温は45℃になります。火山地帯ではない平野部に温泉が掘削され日本各地で利用されていますが、これらは1,000m以上掘削して超深層地下水を利用した温泉です。

■ 地下水を冷媒として使い、その地下水を井戸に戻す場合、関連する法令等どのようなものがありますか？

揚水は国の２法律（工業用水法、ビル用水法）があり、また多くの自治体では条例で地下水の揚水規制をしています。
しかし、還元井戸の設置、注水に関する法規制は現在のところありません（2009年4月時点）。詳細は地元自治体で確認をして下さい。
雨水の地下還元については衛生的な面から、紫外線照射による殺菌をしてから帯水層に戻す試みが行われたことはありますが、クローズドシステムの空調利用には水質の面では問題はないと思います。還元井戸の「帯水層に揚水した井戸水を戻す。」という本来の機能が十分発揮できるか、事前に技術的な検討を行う必要があります。帯水層に水が戻らない事態に備えて、排水路を整備することを勧めている事例もあります。
ヒートアイランド対策の一環として環境省（水・大気環境局 地下水・地盤環境室）は、地下水・地盤環境への影響調査を2006年度から2010年度にかけて実施しています（詳細は環境省のＨＰにて）。
地下水や地中熱を利用した空調設備は、省エネとCO2排出量の抑制、冷房時に熱を外気に放出しないため環境にやさしいシステムです。効率的なシステムの開発普及を目的にNPO法人「地中熱利用促進協会」が活動しており、ＨＰを通して技術的な情報を得ることができます。
（日本地下水学会homepageより引用）

暖冷房給湯のヴァリエーション／太陽熱温水器＋多用途蓄熱層

ヒートポンプによる輻射冷暖房
in　長野県中野市

高性能　真空管式太陽集熱器

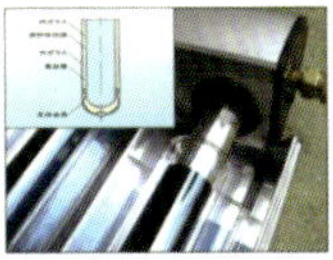

ガラス管を透過した光は真空層を通り抜け、内側ガラスの真空側表面に金属系の吸収膜(選択吸収膜)に達します。
選択吸収膜は、太陽光の赤外線から熱を吸収し、管内面を加熱します。真空は熱を伝えないので、外部への放熱がほとんど無く、ガラス管内部は200℃を越える温度まで加熱することができます。
軽量(2㎡タイプ総重量37kg)で施工が簡単。
あらゆる屋根に取付可能です。
コンパクトでデザイン性に優れています。
不凍液を使用することで凍結の心配はありません。
パラボラ型反射板を組み合わせることで、様々な角度からの日射に対して効率よく集熱することが可能です。

高性能　温水ストレージタンク(貯湯槽)

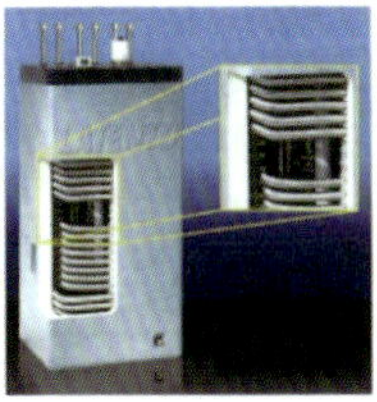

家庭用水と蓄熱タンク水との明確な分離

ストレージタンクの水は、蓄熱貯蔵のみに使用されます。
交換も消費もされません。

ストレージタンクは全体的にプラスチックで作られていて内側と外側の壁は耐衝撃性ポリプロピレン(PP)、中間のスペースには高耐熱ウレタンフォームで満たされています。非常に高い保温性と表面からの熱ロスを最小にし貴重なエネルギーを節約します。

最新の熱技術と水の衛生を最重要に考案され、その構造は、一般的な大容量貯湯槽とは根本的に違います。

レジネオラ菌を寄せ付けない蓄熱タンク

家庭の水道水がステンレス製の波状熱交換器の中を通って熱交換されるので、水の衛生上最適です。
温められた水道水が、短い期間だけストレージタンクに残っているよう設計されました。

これは、家庭用給湯水に沈殿物(石灰、堆積物、錆び)が生じるはずがないことを意味しています。

▲
レジオネラ菌には、約35種類のタイプの少なくとも17種類が病気を引き起こします。

省エネを楽しむ：未来と共にある暖房システム

暖房用に給湯と同様、ステンレス製の波状熱交換器が組みこまれています。
パネルヒーターや床暖房に接続し快適な生活を実現します。
太陽エネルギーを暖房の補助に使い、省エネをはかります。

エネルギーは、より貴重で高額になってきています。

快適で居心地のよい暖房
と衛生的な給湯は、
温かい家庭をつくります。

(床暖房)

ここでは、輻射パネルはピーエス社の金属パネルを使用しています。適材適所の使用でPPパネルを混用し、さらに省コストで、この快適な環境を得ることができます。

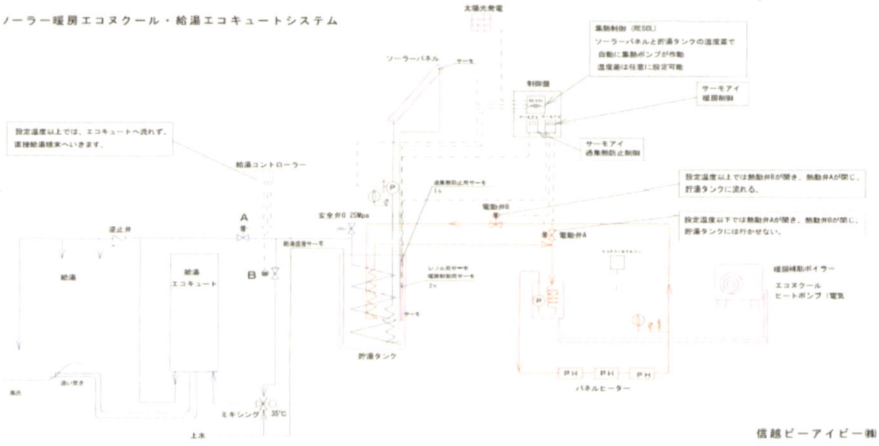

左の上下の写真が蓄熱層。三つの熱源を供給することができます。工夫次第で多様に使える楽しさがあります。
冬でも集熱して温水をつくっています。
西向きの窓には、外付け遮光ブラインドが使われています。

バイオマス燃料の活用

枯渇性資源ではない、現生生物体構成物質起源の産業資源をバイオマスと呼びます。新技術として乾溜ガス化発電を用いたエネルギー利用が脚光を浴びています。日本政府が定めた「バイオマス・ニッポン総合戦略」では、「再生可能な、生物由来の有機性資源で化石資源を除いたもの」と定義されています。

バイオマスは有機物であるため、燃焼させると二酸化炭素が排出されます。しかしこれに含まれる炭素は、そのバイオマスが成長過程で光合成により大気中から吸収した二酸化炭素に由来するため、バイオマスを使用しても全体として見れば大気中の二酸化炭素量を増加させていないと考えてよいとされています。この性質をカーボンニュートラルと言います。

化石資源（石油などの枯渇性エネルギー資源）に含まれる炭素もかつての大気中の二酸化炭素が固定されたものですが、化石資源が生産されたのは数億年も昔のことであり、現在に限って言えば化石資源を使用することは大気中の二酸化炭素を増加させているのです。従って、化石資源についてはカーボンニュートラルであるとは言えません。

バイオマスエネルギーの源は、元を辿れば植物によって取り込まれた太陽エネルギーです。再生可能エネルギーとも言えます。

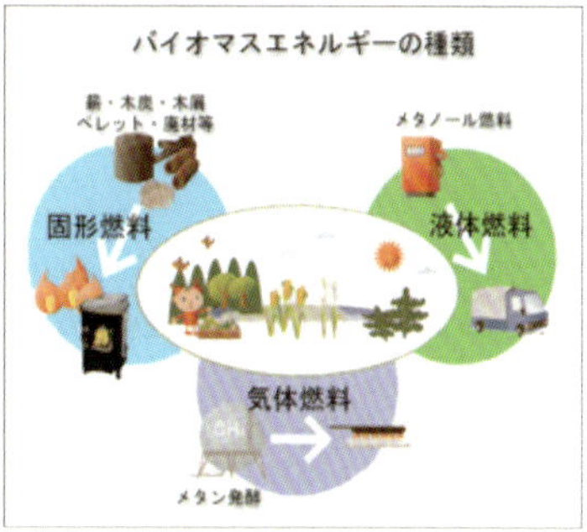

- 家畜等糞尿などからメタンを生成し精製（バイオガス）供給事業もはじまる。
- 木質廃材などセルロース系からのエタノールの抽出
- 廃食用油などの自動車燃料化
- 生物起源の可燃廃棄物（廃棄物固形燃料、木質ペレット）などを直接燃焼
- 木質バイオマス発電
- 木質バイオマスのガス化により水素、合成ガス、メタノールを生成
- 製紙パルプ製造工程での黒液バイオマス発電。（ソーダ回収ボイラー）

●木質ペレットの活用−ペレットストーブ

ここでいうペレットとはバイオマスエネルギーの素、木質ペレット燃料を指します。おが屑や樹皮などの製材端材や間伐材を粉砕圧縮した固形燃料で、ひと粒あたり直径 6〜8mm 程度の小さな円筒状の粒です。 木材に含まれる成分が圧縮時に溶けて、それが冷却とともに固まりますので、接着剤のような添加物は一切含まれていません。（建築廃材の場合はその限りではありません。） 同じ木質バイオマスの「薪」と比べても同一に乾燥しており、均一な燃焼で安定したエネルギーが得られます。 また、小さく同一形状に成形しているので、持ち運びや貯蔵などの面においても手軽に管理ができます。木質ペレットはいわば、大きな可能性と未来が詰まった小さな粒なのです。

自動燃料供給装置付き、強制給排気型のものが多く出ているので扱いは大変楽になっている。しかし、静かに燃える感じを楽しもうと思うと強制ファンの音がして期待はずれということもあり、製品を選ぶ時には注意が必要です。ヨーロッパのものには床暖房もできるタイプもあります。

都市災害を軽減する**雨水貯留**

1. 雨水利用について

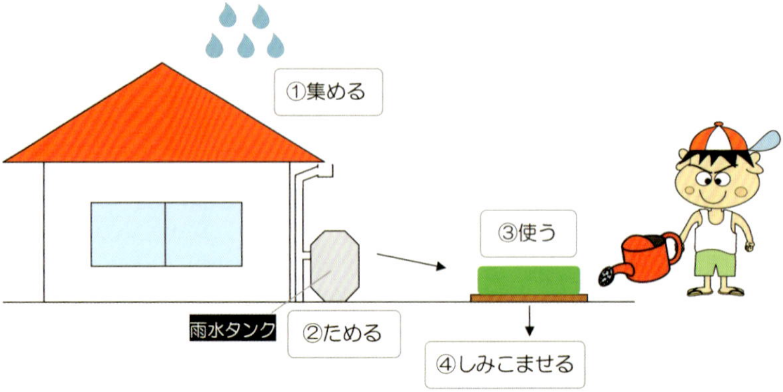

①集めるべし！

一年間に 100m^2（30 坪）の屋根に降る雨の量は、

1,300mm×100m^2÷1000＝**130 トン**

これは１人が一年間に使う水の量に近いです。屋根は雨を集める大きなお皿の役目をしています。

②ためるべし！

雨水タンクは、“ミニダム”とも呼ばれ、都会では、水源や洪水緩和の役割を担います。

③使うべし！活かすべし！

雨水利用のポイントは、たまった雨水をいかに有効に使うかです。「残すぐらいなら、空になるまで使いきった方がいい」と、雨水活用歴の長い東大阪市のＩさんはおっしゃっています。「あとは雨が降るのを、首を長くして待つだけ」とか。

④しみこませるべし！

雨水利用の究極は、地面にゆっくりしみこませ、地下にもどすことです。都会の地表面は、コンクリート等で雨水が浸透しにくい構造になっています。乾いた大地を雨水で生きかえらせましょう。

○大阪府に降る雨の量　〜捨てないで活かす工夫を！〜

大阪の年平均降水量は約 1,300mm で、大阪府の面積は、約 1,890km^2 です。これから計算すると、大阪府に降る雨の量は約 25 億トンになります。これは、大阪府民が一年間で使用する水道水の約２倍の量です。

しかし、都市部では、地表面がコンクリート等に覆われ、また、洪水対策のため、降った雨をすばやく下水や河川に流す構造になっていて、ほとんどが使われずに、捨ててしまっているのが現状です。

〜計算してみよう！〜 あなたのまちに降る雨の量と使う水の量 概算)」

降る雨の量　約 1,300mm×市町村の面積（　　　　）km^2×1,000＝（　　　　）トン（m^3）

使う水の量　約 320L/人/日×市町村の人口（　　　　）人÷1,000＝（　　　　）トン（m^3）

「もったいない（勿体無い）」…そのものの値打ちが生かされず無駄になるのが惜しいという意（広辞苑）。
※日本には、物には命があって、それを粗末に扱うと、その物に命がなくなってしまうという思想があります。まさに、MOTTAINAI 文化です。今、世界では、この MOTTAINAI 文化が脚光を浴びています。

引用資料／大阪府環境農林水産部発行パンフレット「誰でもできる！楽しい雨水利用！」

2. 雨水タンクについて

雨水利用の第一歩は、まず雨をためることです。その役割が雨水タンクです。雨水タンクは、たくさんの種類があります。ここでは、雨水タンクの基本的な構造や種類について紹介します。

○構造のポイント

・光が遮断されていること

光が入ると藻が発生し、水質を悪化させる原因になります。

・密閉されていること

雨水タンクが開放されたつくりであると、すぐにボウフラなどの虫がわき、問題になります。

・たまった泥を取り除くことができること

雨水タンクには、空気の汚れや屋根に積もったちりが、雨水で洗い流され、それが、タンク内に泥としてたまっていきます。これを定期的に取り除く必要があります。

「たった100円で雨水利用?」

取水はいらなくなった下敷きを切ったものを使用。それを、トイの切り口に差し込み、100 円ショップで買ったバケツに受けるだけで、結構たまって使えます。

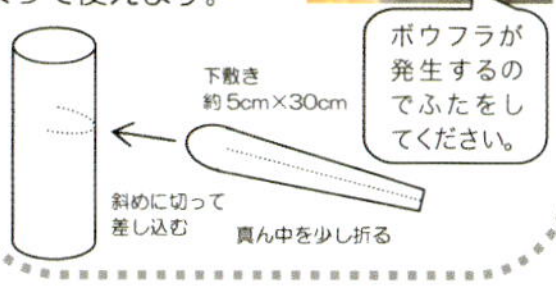

「ちょこっと実験」

雨水を、光を遮断したペットボトルとそうでないものに入れ、どうなるかを実験しました（秋頃）。光を遮断しなかった方は、3ヶ月後にもやもやとしたもの（微生物）が発生しました。夏場だと1週間ほどで藻が発生します。

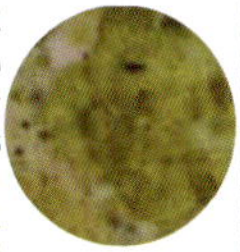

発生した微生物）

○タンク容量について

庭木への散水などに雨水を利用する場合は、容量は 200L～300L 程度の雨水タンクの使用が一般的です。学校であれば、500L以上はほしいところです。

参考）トイレなどに最大限に活用する場合のタンク容量の決め方（目安）

雨水タンクの容量は、制限条件の一つとして、雨水の集水面積（屋根）で決まります。設置できる雨水タンクの容量の計算式（一例）は次のようになります。

雨水タンクの容量（m^3）＝集水面積（m^2）×係数C

この式で係数Cは、厳密には降水量の違いなど地域性を考慮した値であるべきですが、過去の実績などから全国どこでも 0.1 ぐらいです。
（例）屋根面積 60m^2 の場合、6m^3 が雨水タンクの大きさになります。

タンクを大きくしても、たまった水を使えなければもったいないので、利用予定量、設置場所の環境（スペース等）、コストなどをよく考えた上で、タンク容量を決めましょう！

※1m^3＝1トン＝1,000L

格言

○「雨水タンクは雨を形にしてくれるもの」 by 関西雨水市民の会・水野会長

○雨水タンクは雨の貯金箱「タンクに落ちる雨の音がチャリンチャリンと聞こえる。」
by 岸和田市葛城町環境を守る会・Iさん

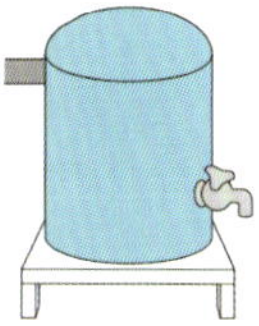

引用資料／大阪府環境農林水産部発行パンフレット「誰でもできる！楽しい雨水利用！」

自然系防蟻・木材防腐塗料ヘルス・キュアー

アーテック工房株式会社

自然素材の防蟻・防腐用木炭塗料　ヘルスコ・キュアー

HEALTHCO CURE

ヘルスコ・キュアー

「そらどまの家」にあう蓄熱床の防蟻防腐対策とは？

●　「床下は危険がいっぱい」・・・床下の白あり被害
今までの防蟻・防腐対策の問題点）

日本の高温多湿の環境は、シロアリの活動を活発にし、家全体の木材はこのシロアリの被害を受けやすく、シロアリの食害を受けた木材はもろくなっていきます。また、木材は腐朽菌の影響を受け、時間経過とともに腐食し、これらシロアリや腐食による木材の劣化で大切な住宅が壊れる可能性も出てきます。この床下のシロアリや腐食の対策として、従来は殺虫力の高い農薬系の材料が使用さてきましたが、それら処理剤はそこに住まう人の健康を蝕む可能性もあり「そらどまの家」にあう防蟻防腐対策は人には安全で有る事。そしてシロアリ腐食には効果を発揮するそんな安心して使用できるものではないでしょうか。

●「そらどまの家」には自然系防蟻・防腐用木炭塗料「ヘルス・キュアー」を！

「そらどまの家」に安全で安心して使える適切な防蟻・防腐処理方法の説明

「そらどまの家」の蓄熱床では防蟻防腐処理材の使用条件として、人の健康と地球環境にやさしい処理材を使用することが適切です。自然系防蟻防腐用木炭塗料「ヘルスコ・キュアー」は自然素材である木質系のシロアリ忌避材と天然鉱石および微粉末木炭をバランスよく配合した安全にかつ安心してご利用いただける材料です。シロアリから大切な住まいを守ることができる防蟻防腐処理用木炭塗料「ヘルスコ・キュアー」は木炭を配合しているので木炭力で床下の空気の清浄化を自然にいつでもしています。

●自然系防蟻・防腐用木炭塗料「ヘルス・キュアー」の主な公的試験　抜粋

◇　白蟻防除・木材防腐効果試験

①. 野外耐蟻性能試験（独立行政法人森林総合研究所）

②. 室内防腐効力試験（東京農工大学農学部、東京都立産業技術研究所）

③. 室内防蟻効力試験（京都大学木質科学研究所、東京農業大学林産化学研究所）

◇　安全性試験

①. 急性経口けい皮毒性試験（玉川大学）

②. 変異原性試験（麻布大学・生命環境科学部）

③. 魚類毒性試験（社団法人・東京都食品衛生協会）

● 自然系木炭塗料の「ヘルスコ・キュアー」は防蟻防腐材料で 5年毎の継続保障更新ができます。

人には健康的で安全、そしてシロアリには絶大な効果を発揮する、そのような「ヘルスコ・キュアー」は、公的機関で防蟻性能、防腐性能、および安全性について優秀な成績を収めた自然系防蟻防腐用木炭塗装です。また、「ヘルスコ・キュアー」は認定施工者による工事施工により、最高 1,000 万円の保証が適用。さらに、毎年の定期点検で５年間の保証を継続します。そしてさらに５年後の再施工により、その施工範囲で５年ごとの更新ができます。

損害保険付保証
白蟻防除業者賠償責任保険付保内容

契約者
アーテック工房株式会社
被保険者
施工会社
てん補限度額
1件につき1,000万円
免責金額
1万円
保証期間
5年間

「そらどまの家」にあう蓄熱床の防蟻防腐対策を！

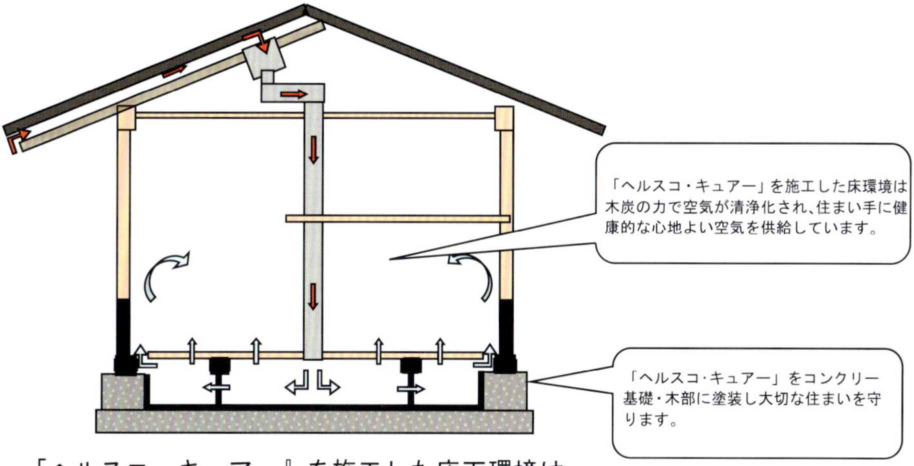
「ヘルスコ・キュアー」を施工した床環境は木炭の力で空気が清浄化され､住まい手に健康的な心地よい空気を供給しています。
「ヘルスコ･キュアー」をコンクリー基礎･木部に塗装し大切な住まいを守ります。

「ヘルスコ・キュアー』を施工した床下環境は
木炭が空気を清浄化して住まいに良い空気を提供します。

● 「ヘルスコ・キュアー」を使用した

長期優良住宅対策仕様「ハイブリッド防蟻工法」

基本施工　：建物構造部分の木部の必要部位には、ホウ酸系の処理剤（大日本木材防腐㈱社製木材保存剤：モクボーペネザーブそのまま使用タイプ）を散布し、基礎部位に「ヘルスコ・キュアー」を塗布します。

「ハイブリッド防蟻工法」　Ⅱ

進化系施工：基本施工を施した後、ホウ酸を塗布した木部に「ヘルスコ・キュアー」を上塗りします。ホウ酸の効果＋「ヘルスコ・キュアー」の忌避効果と**損害賠償保険制度**が使用できます。

このように建物構造木部へのシロアリの進入をホウ酸と木炭塗料の効能で二重にブロックし、さらに木炭の力で床下空間を清浄化することができる「ハイブリッド防蟻工法」は前述の「安心シロアリシステム」を利用できます。

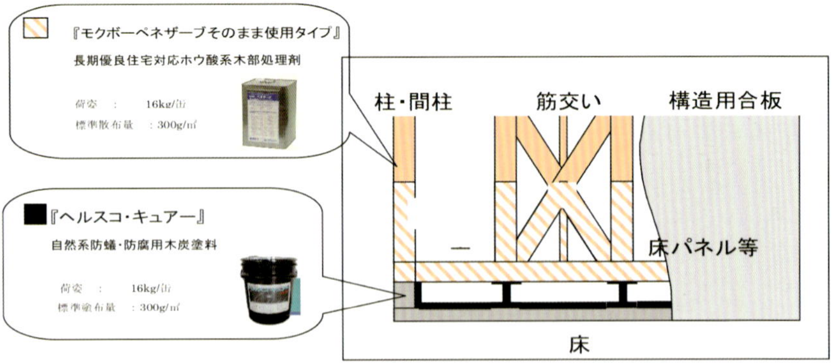

●更に進化した長期優良住宅対策仕様「ハイブリッド防蟻工法　Ⅱ」をおすすめします。

「ヘルスコ・キュアー」は薬剤ではない為、長期優良住宅仕様の認定材料ではありません。ホウ酸系処理材は長期優良住宅仕様の認定材料です。ホウ酸系処理材は食毒タイプと言って、シロアリに食べてもらわないと防蟻効果が有りません。シロアリ被害は一度食べられた部位から食害被害が悪化増大していきます。また、ホウ酸系処理材は処理作業中、乾燥後も容易にホウ酸が水に溶出してしまう為、現場作業中、作業後の雨掛かり養生及び施工部位に建物構造物から発生する結露水の排除等に特に配慮が必要です。「ヘルスコ・キュアー」は乾燥後には水に溶けにくく、長期優良住宅仕様を認定材のホウ酸系処理材でクリアさせ、ホウ酸系処理材の物理的欠点である水に溶出しやすい欠点を「ヘルスコ・キュアー」の特性で補う「ハイブリッド工法　Ⅱ」の開発に成功いたしました。この様に、気づきと挑戦を繰り返して生まれた「ハイブリッド工法　Ⅱ」をぜひ「そらどまの家」にご採用頂き、お施主様に安心して、お住まい頂けます様皆様のご理解とご協力を心からお願いたします。

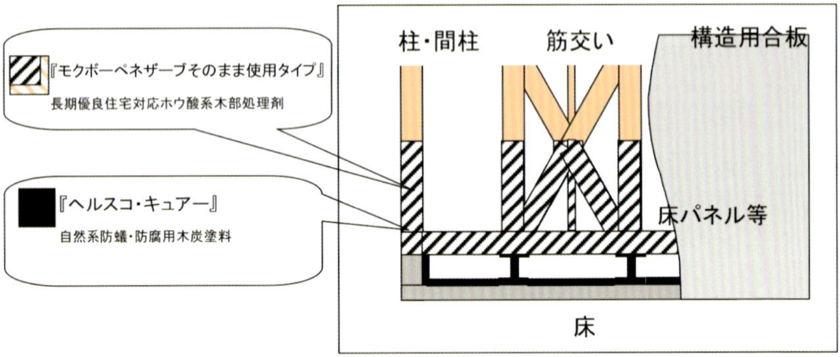

●「ハイブリッド防蟻工法」に使用するホウ酸系処理材「モクボーペネザーブそのまま使用タイプ（大日本木材防腐㈱社製無機系木材保存剤）」をご紹介します。

◆特徴

1.主成分は自然界に広く存在するホウ酸で、ほとんど臭いがなく、安全性が高い材料です。2.主成分のホウ酸は無機物のため、熱による分解、揮発がなく長期間の効果が期待できます。3.防蟻・防腐効果があります。（試験機関:京都大学・試験方法 JISK1571(2010)付属書Aにおる限定用途の為の防腐性能試験及び防蟻性能試験）

◆認定番号　（社）日本木材保存協会認定番号 A-5429　（公財）文化財虫害研究所認定第 11 号

◆適用範囲　モクボーペネザーブは屋根や外装板などによって風雨から遮断され、かつ、地面に直接接触しない建築用木材のように通常、水分がが供給される可能性が少ないが、時として高湿度の環境下に置かれる可能性のある木質材料の防腐及び防蟻に用います。

注意！屋外で使用するホウ酸塗布施工後の木材は水掛かりや雨に当たらないように十分に注意ください。

空気質を改善する**プラチナ光触媒**

紫外線と白金担持超光触媒コーティングにより、空気の清浄化をはかることができます。

- アレルゲン、花粉症の原因物質を分解する
- シックハウスの揮発性原因物質を分解する
- アトピー性皮膚炎・喘息の原因物質を分解する
- タバコや建材などの臭いを分解する　カビを分解する

　分解して水蒸気と二酸化炭素にします。
　無害にして空気中に戻します。

エアープロット(製造元株式会社ゼンワールド)を窓ガラスの内側に塗ると白金触媒効果によって、水素と炭素の結びついている有機化合物の結合を解き、水と二酸化炭素にします。イメージ「窓ガラスがナノレベルの空気清浄機」

エアープロットはなぜ有害物質をなくせるのか？

■ 夜はプラチナ触媒、昼間はプラチナチタン触媒で効果を出しています。
二酸化チタンにプラチナをつけると有機化合物を分解させ水蒸気と二酸化炭素を発生させます

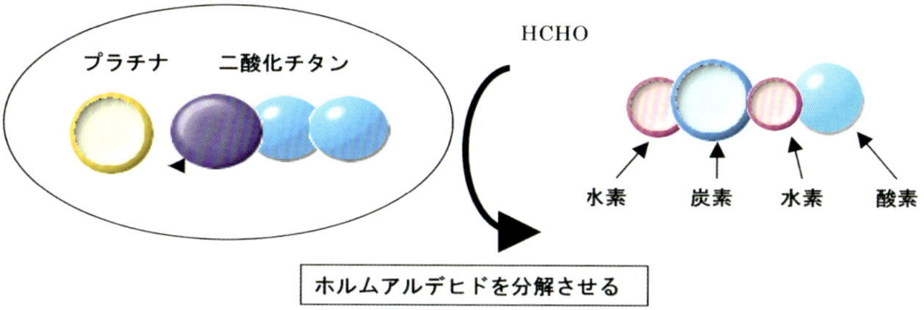

プラチナチタン触媒は少ないエネルギーで水素と炭素の結合を切ります。バラバラにして二酸化炭素と水蒸気にします。

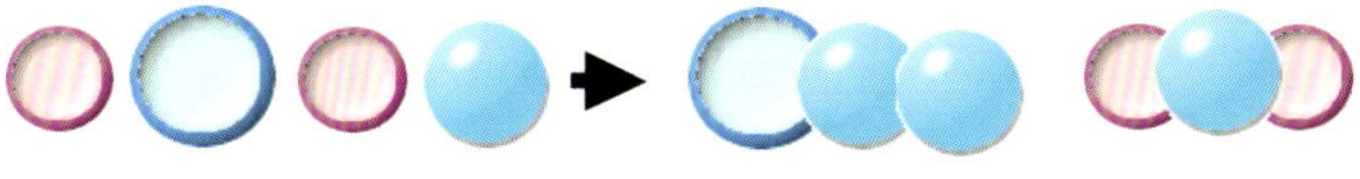

■ 国交省が許可した有効な空気改善技術。シックハウス対策として、建築基準法施行令 20 条の 9 に基づく国土交通大臣認定を取得。(2010.09.29)
■ 時間あたり 0.5 回／h 換気が 0.4 回／h で許可され、省エネが計れます。
■ PM2.5 も分解出来ますので心配いりません。

株式会社ゼンワールド　上西 (ジョウニシ) 090-6262-0155 au

エアープロット by 日本建築センター審査済み添付書類「公式データー」

目に見えない化学反応であるために、その効力の是非が問題となり、なかなか広めることが難しい素材です。日本建築センターでの審査がようやく済み、国交省が認めるものとなりました。アトピーで悩む方、シックハウスで苦しんでいる方、また花粉症には多くの方が悩ませられていることと思います。
このようなときに、役立つ触媒です。触媒ですから減ることはありませんが、窓ガラスに塗布するために、定期的なメンテナンスが必要です。

「シックハウス対策で国交大臣認定」

■ エアープロットを塗布したガラスによるホルムアルデヒド低減性能試験結果

日本建築センター審査済み添付書類「公式データー」

100μg/m^3でホルムアルデヒドをチャンバーに入れ続ける試験

1時間毎に濃度変化測定結果

経過時間	UV		供給濃度（μg/m^3）	排気濃度（μg/m^3）	除去速度（μg/m^2·h）	有効換気換算量（m^3/(m^2·h)）	有効換気回数 回/h エアープロットN 塗工率 0.08 m^2/m^3の場合	有効換気回数 回/h エアープロットN 塗工率 0.16 m^2/m^3の場合	低減率（%）
1	ON	1	92	50(54)	262.5	5.25	0.42	0.84	45.7
2		2	99	16(16)	518.8	32.42	2.59	5.19	83.8
3		3	94	15(16)	493.8	32.92	2.63	5.27	84.0
4		4	98	15(15)	518.8	34.58	2.77	5.53	84.7
5		5	95	15(16)	500.0	33.33	2.67	5.33	84.2
6		6	94	14(15)	500.0	35.71	2.86	5.71	85.1
7		7	94	13(14)	506.3	38.94	3.12	6.23	86.2
8		8	94	12(13)	512.5	42.71	3.42	6.83	87.2
9		9	92	13(14)	493.8	37.98	3.04	6.07	85.9
10		10	91	12(13)	468.8	29.3	2.34	4.69	82.4
11		11	89	13(14)	456.3	28.52	2.28	4.56	82.0
12		12	92	16(18)	456.3	24.01	1.92	3.84	79.3
13	OFF	1	90	16(18)	393.8	14.58	1.17	2.33	70.0
14		2	81	19(21)	237.5	5.52	0.44	0.88	46.9
15		3	81	27(30)	175.0	3.30	0.26	0.53	34.6
16		4	79	43(53)	225.0	5.23	0.42	0.84	45.6
17		5	78	53(65)	168.8	3.31	0.26	0.53	34.6
18		6	81	43(53)	181.3	3.49	0.28	0.56	35.8
19		7	80	65(81)	93.8	1.44	0.12	0.23	18.8
20		8	79	57(72)	137.5	2.41	0.19	0.39	27.8
21		9	83	61(73)	137.5	2.25	0.18	0.36	26.5
22		10	81	68(84)	81.3	1.19	0.10	0.20	16.0
23		11	81	63(78)	112.5	1.79	0.14	0.29	22.2
24		12	83	69(83)	87.5	1.27	0.10	0.20	16.9
平均	全体		87.5	36.1	321.6	17.56	1.41	2.81	56.9
	ON		93.7	17.8	474.0	31.31	2.51	5.01	80.9
	OFF		81.4	54.3	169.3	3.82	0.31	0.61	33.0

実験の内容は、実際の室内と同じように考えられるように、昼間は紫外線を照射し、夜間は紫外線がありません。
昼間は、白金触媒と二酸化チタンの光触媒が活躍し80%の低減率を示しています。
夜間は、白金触媒だけが活動しますが、この活動があって、翌日の光触媒の働きが効率良くなるのです。
力を合わせると単独の数十倍の力を発揮します。

★ 上記試験によりホルムアルデヒドが、
昼間（紫外線 on）は平均80%低下。夜間(紫外線 off)は33%低下しました。

★ この結果、エアープロットNシステムを使用している住宅は「国土交通大臣認定居室」となります。安心してお住まいください。

民族の知恵・維持管理できる丈夫な建築構法**柱勝ち工法**

伝統工法の「石場立て工法」の知恵を継承する

「そらどまの家」は 長寿命！

「呼吸する家」の仕組みによって、「そらどまの家」は建物と人体の健康を保ちます。しかし、長年月の間には、何が起こるか解らないのが建築です。
そのために、建築の足下を根本的に改善しています。
腐りや蝕害に襲われやすい木構造の足下を取り替え可能にしました。
どのような工法を使っていても良いのですが、まずは、根継ぎができるようにしましょう！

現代根継ぎ工法「柱脚フォームアンカー工法」

伝統工法だけではなく、プレカット＋金物の対応も用意しています。

左の写真は、合掌造りの平屋型の民家。典型的な石場立てです。いかにも丈夫で長持ち、風通しの良い床下空間があります。
下の写真は、寺の改修風景。土台がないため　床下通風が良好であり、腐食した柱も「根継ぎ」により用意に更新できる。また写真のような大改修も可能。

「そらどまの家」は、とくに構法を限定していません！

皆さんが取り組みたい構法で大丈夫です。しかし、推奨している構法もあります。
「ウッドワイステクノロジー」です。
それは、力強く、基礎にしっかりと緊結できる「柱勝ち構法」「石場立て構法」です。木造３階建てにも有利な構造です。構造計算書もつくることができます。長期優良住宅も構造でとることもできます。

ロケット工法・ロケット金物の公的評価

住宅型式性能認定や木造住宅合理化システム基準性能タイプ、次世代省エネ基準適合住宅などを取得。また、ロケット金物は、国内はもとよりアメリカでも特許を取得する技術です。３階建てなど大スパンを必要とする建築物向けの金物は在来軸組工法の３倍の強度を発揮します。２階建て用の金物は、スケールダウンにより低コスト化を実現しています。
右下の写真は、SE 工法の場合の柱脚金物です。柱は、土台に載せていません。
構造柱は直接基礎に建て、管柱は土台の上に載せるという考え方です。この他に小屋まで柱勝ちにするという方法もあります。

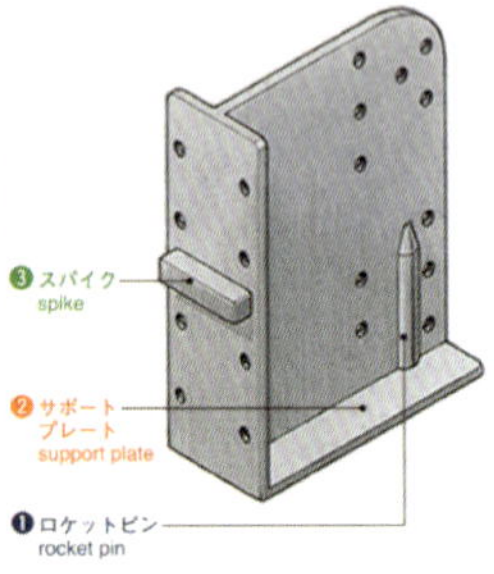

ロケット金物の構成

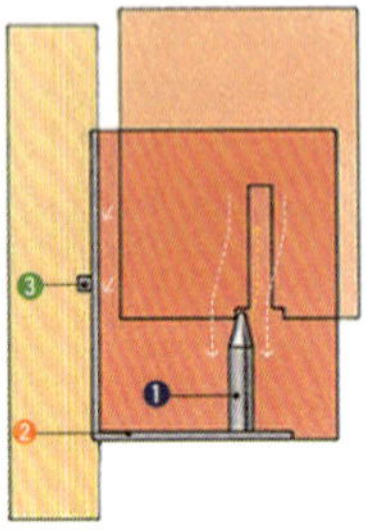

ロケットピンの引き寄せ機能

長持ちと安心は**地盤と基礎**から

地盤の動き追随する柔構造＝ＨｙＳＰＥＥＤ（ハイスピード）工法

既存の工法のようにあらかじめ決まった杭を使ったり、地盤を補強しない工事と異なり、 砕石パイルをその地盤にあうように確実な施工で１本づつ造り上げ、砕石パイルと砕石パイル周辺の地盤の支持力を複合させて、 地盤の支持力を高める工法です。「あるものを使う」というサスティナブルな工法です。

地震や液状化に有効な「天然砕石パイル HySPEED工法」はこんなに賢い。

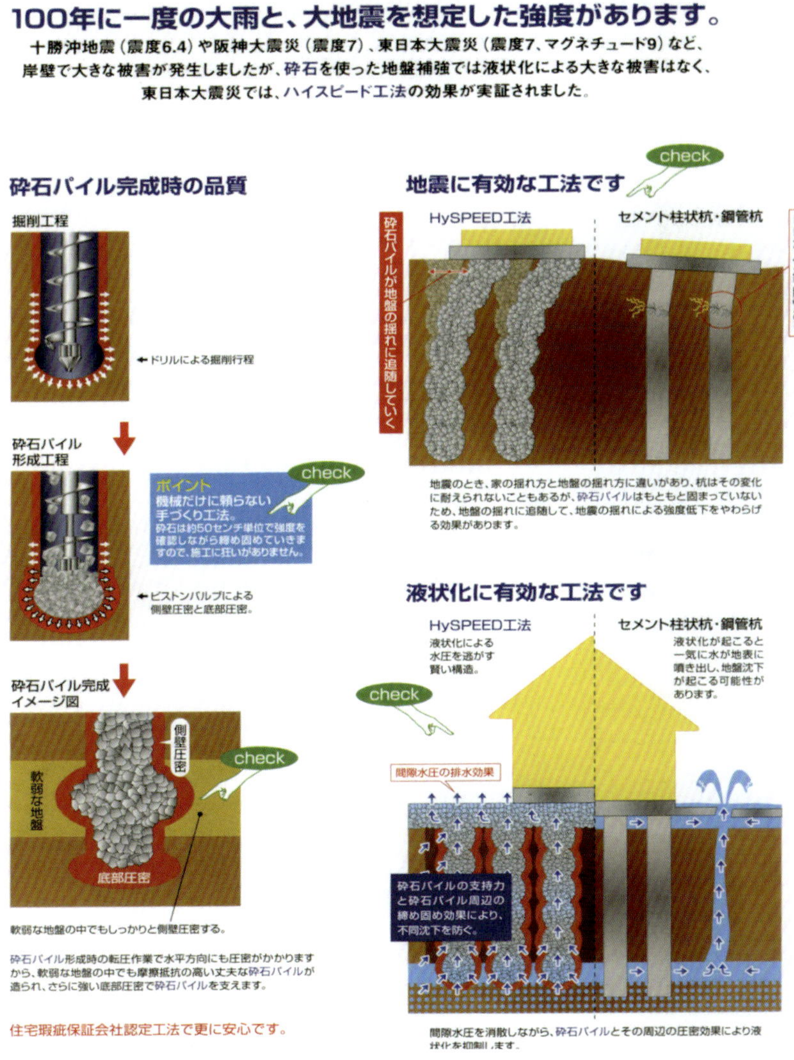
100年に一度の大雨と、大地震を想定した強度があります。
十勝沖地震（震度6.4）や阪神大震災（震度7）、東日本大震災（震度7、マグネチュード9）など、岸壁で大きな被害が発生しましたが、砕石を使った地盤補強では液状化による大きな被害はなく、東日本大震災では、ハイスピード工法の効果が実証されました。
砕石パイル完成時の品質
掘削工程
←ドリルによる掘削行程
砕石パイル形成工程
ポイント
機械だけに頼らない手づくり工法。
砕石は約50センチ単位で強度を確認しながら締め固めていきますので、施工に狂いがありません。
check
←ピストンバルブによる側壁圧密と底部圧密。
砕石パイル完成イメージ図
側壁圧密
軟弱な地盤
底部圧密
check
軟弱な地盤の中でもしっかりと側壁圧密する。
砕石パイル形成時の転圧作業で水平方向にも圧密がかかりますから、軟弱な地盤の中でも摩擦抵抗の高い丈夫な砕石パイルが造られ、さらに強い底部圧密で砕石パイルを支えます。
住宅瑕疵保証会社認定工法で更に安心です。
地震に有効な工法です
check
HySPEED工法
セメント柱状杭・鋼管杭
砕石パイルが地盤の揺れに追随していく
ヒビが入る可能性あり
地震のとき、家の揺れ方と地盤の揺れ方に違いがあり、杭はその変化に耐えられないこともあるが、砕石パイルはもともと固まっていないため、地盤の揺れに追随して、地震の揺れによる強度低下をやわらげる効果があります。
液状化に有効な工法です
HySPEED工法
液状化による水圧を逃がす賢い構造。
セメント柱状杭・鋼管杭
液状化が起こると一気に水が地表に噴き出し、地盤沈下が起こる可能性があります。
check
間隙水圧の排水効果
砕石パイルの支持力と砕石パイル周辺の締め固め効果により、不同沈下を防ぐ。
間隙水圧を消散しながら、砕石パイルとその周辺の圧密効果により液状化を抑制します。

自然素材の力

朝日を浴びて茅葺きの屋根から吹き出す水蒸気（蒸発、潜熱）

里山に泊まり、強い朝日が民家に射しかかっていると、茅葺きの屋根から蒸気が噴き出しているのに驚いたことがあります。また、京都の曼殊院でしたが、昨夜の雨水をたっぷりと吸い込んだこけら葺きの屋根から、蒸気が立ち上がっているのをびっくりしたことがあります。煙のように建物を包み込んでいたのです。
「そうか、だから茅引きや板屋根は暑くならないのだ」と納得できました。
これは、水分が蒸発する時に、回りから熱を奪うため太陽光が当たっても屋根裏の温度が上昇しないのです。つまり潜熱効果です。

大学院時代に木曽の民家を実測していましたが、板葺きの屋根をトタン板で覆ってしまうと、その途端に屋根裏部屋の温度が上がってしまい蚕が飼えなくなったと言うことをお聞きしたことがあります。
現代の屋根建材は、ほとんどが防水材です。これでは小屋裏の温度が上がってしまうのは仕方ないですね。伝統的な屋根が持っていた複合的な機能は失われ、雨が漏らないと言うことだけにしか注目しなかった結果が今の屋根材なのです。一面的な技術は悲しいものです。そのために、小屋裏換気を取り、さらに断熱もしなくてはならないのです。

左の写真は、伝統的なデンマークの民家。けして古いものではなく、新しく建てるものでも、伝統的な住まいのあり方を踏襲する人々が少なくない。
野地板の上に白樺の皮を葺き、その上に苔土をのせ緑化する方法です。
夏涼しく、冬温かい断熱と遮熱効果が大きい。

屋上緑化が　新しい屋根　大地が広がります
金属防水工法「スカイプロムナード」

ところで、地球の温暖化防止、二酸化炭素の固定のために屋上緑化が普及し始めました。これは熱から考えれば、昔の屋根の機能を復活したと言えます。
夏は日が当たれば蒸散が始まり屋根裏から熱を吸収します。冬は乾燥するので断熱性が上がります。さらに、植物が生えていれば､蔵のような置屋根となります。
活用できる新しい大地、それが屋上緑化屋根です。
そして、メンテナンスを考えてみてください。一般の勾配屋根は、足場をかけてメンテナンスをします。屋上でしたら足場無しでメンテナンスができるのです。
さらに、この屋上緑化システムはステンレス鋼板を使用すると３０年保証なのです。一般の屋根は１０年保証しかありません。
最近多い、狭小住宅では、庭がほとんどなくなってしまいます。ところが、屋上緑化では庭がしっかりと確保できるのです。それも、陽当たりの良い庭、眺望の良い庭なのです。
子育てにも、情操教育にも有効な庭なのです。最近はアスファルト防水からFRP防水が現場では主流になっていますが、紫外線劣化や耐震性、メンテナンスの視点からスカイプロムナードが注目される工法となっています。
この工法との出会いがあり､現在は積極的に陸屋根と屋上緑化を提案しています。

図｜「スカイプロムナード」断面（バルコニーの施工例）

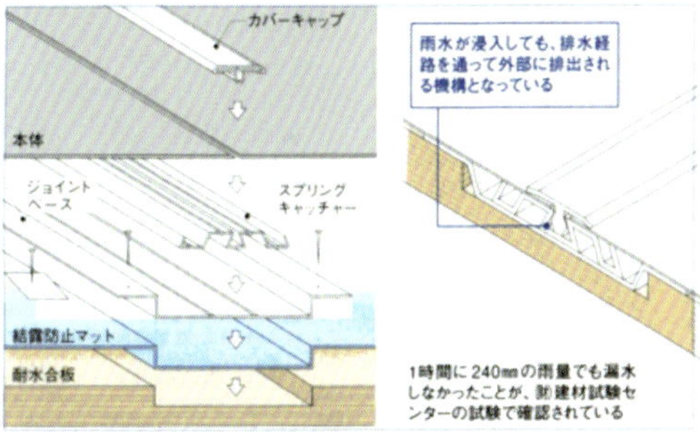

- ■ 不燃認定 NM-1981 取得
- ■ 大手保険会社と提携し亜鉛メッキ鋼鈑で 10 年、ステンレス鋼鈑で 30 年保証を実現
- ■ 乾式のため工期が早い
- ■ 樹脂でなく金属のためリサイクルが可能

土壁に代わる外壁１スーパー白洲そとん壁 W

屋根だけでなく外壁も水分を含むものにしよう！

茅葺き屋根と同じように、水分を含み、太陽光が当たると蒸発し、熱負荷を軽減する壁材は土壁でした。現代では屋根と同じように防水壁になってしまいました。「そらどまの家」では、外壁も水分を含むことのできる壁材料を使用しています。それが「スーパー白州そとん壁 W」に代表されるものです。

多孔質のシラス粒子内部に空気を取り込み、断熱層を形成するため、外気の温度を建物内部に伝えにくく、冷暖房の効率を大幅にアップ。遮音性にも優れています。

シラスだからこそ実現できた驚異の二大機能　「防水」＋「透湿」 軽量モルタル、サイディングを圧倒する既成概念を超えた非常識な外壁です！
表面防水加工なしで雨をシャットアウト!!
シラス外壁材は下塗り材と上塗り材の2層構造。下塗り材は超微細なシラス粒子で構成しているため、水蒸気の細かい粒子を通しながら、雨水の大きな粒子は通しません。
ラス下の透湿防水シートだけで、仕上げ表面の防水処理は不要です。

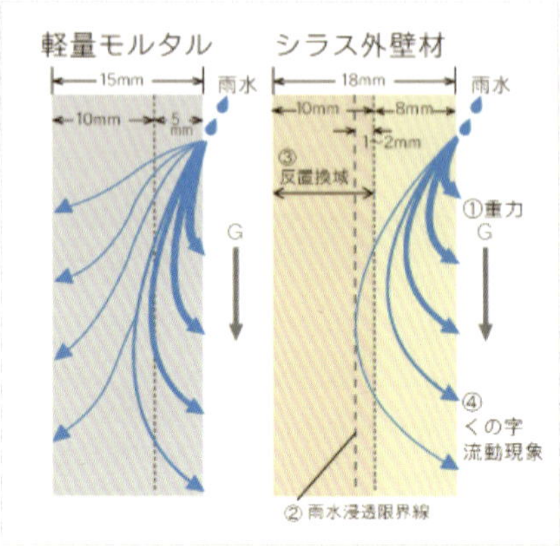

●シラス壁だけの防水メカニズム

シラス壁に浸み込んだ雨水は、隙間が細かい下塗り材にはほとんど浸み込むことなく、重力によって下方向に引っ張られながら、隙間が大きく抵抗が少ない上塗り材の表面へと流れていきます。これを「くの字流動現象」といいます。軽量モルタルの場合は、浸み込んだ水が分散し、建物内部に浸透してしまいます。

● 壁面内部の水の流れ

上塗り材は吸水、下塗り材が防水。この構造が土壁に近い働きをする。

●自然の透湿機能で建物を守る

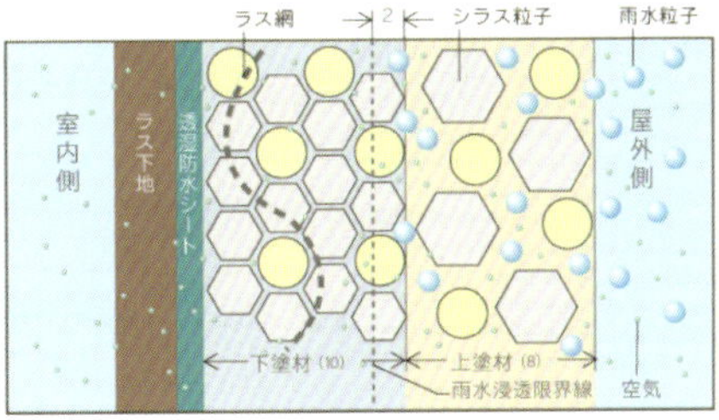

多孔質なシラスは、透湿性に極めて優れています。表面の防水塗装が要らないため、壁内部の湿気が壁表面から放出され、建物を湿気による結露やカビの被害から守ります。また、シラスは無機質の天然セラミック素材、樹脂防水とは異なり、紫外線や風雨による退色・劣化がありません。したがって再塗装や張替えといったメンテナンスが不要で維持管理の費用と手間を大きく軽減します。スーパー白洲そとん壁Wを施工の際はモルタル専用透湿防水シートをご使用ください。推奨品：モルタルラミテクト(セーレン)

土壁に代わる内壁の代表１　シラス壁　薩摩中霧島

内装用多機能左官壁

薩摩中霧島壁

驚きの消臭・調湿効果。シラスがつくりだす、今までにない豊かな風合いと安らぎ感。100%自然素材ならではの安全品質は、想像以上です。

- ●ペットやタバコなど、室内にこもるイヤな臭いをすばやく消臭します。
- ●室内の湿度をコントロール。冷暖房効率アップで光熱費を節減。
- ●結露を抑えてカビやダニの発生を防ぎます。
- ●化学物質ゼロ、殺菌・空気清浄化作用で家族の健康を守ります。
- ●シラスならではの素材感が豊かな風合いを醸し出します。

■カラーバリエーション（全10色）　※印刷上、実際の色調とは異なる場合があります。

■仕上げパターン（共通）

吸水できる壁だからできるクルクール

～ヒートアイランド現象の緩和に貢献～

パッシブ型涼感空調システム

クルクール

雨水を使用し外壁に打ち水をすることにより、
気化熱作用で住宅内部の温度上昇を抑えるシステムです。

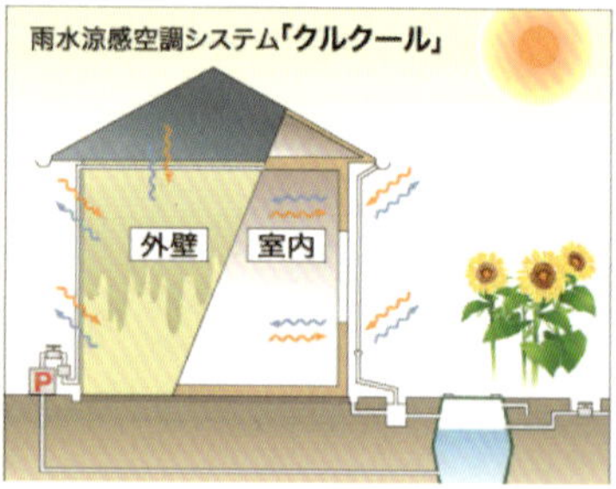

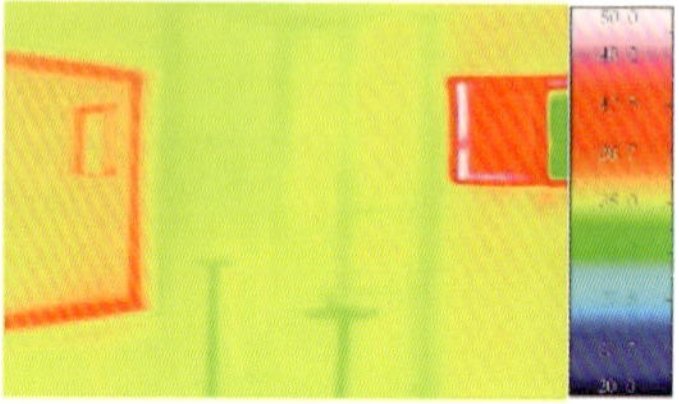

普通の家の室内

クルクール設置の家の室内

温度変化のサーモ写真

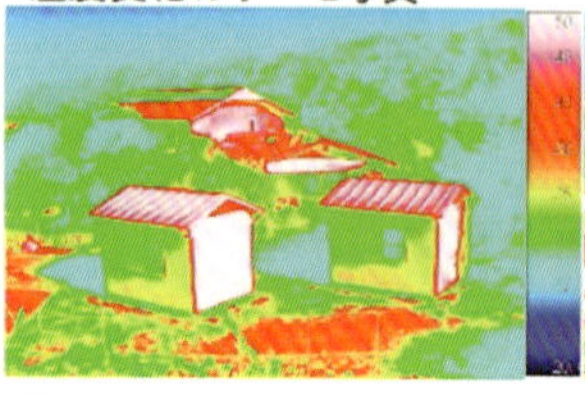

葉山　8:30

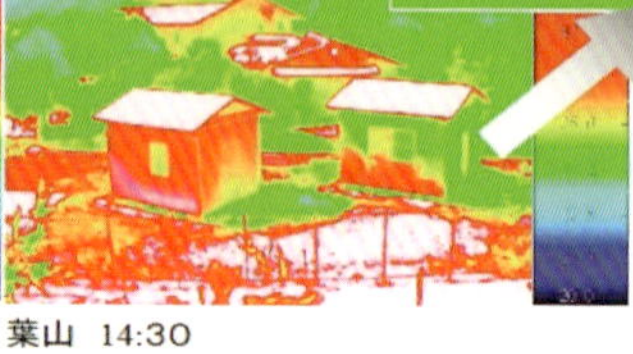

葉山　14:30

高千穂シラス株式会社

土壁に代わる内壁２　珪藻土壁**北のやすらぎ**

生活の場である室内環境を改善するための塗り壁材

結露・化学物質・大腸菌・緑濃菌等一般細菌の除菌効果、カビ・ダニの発生をおさえる

調湿効果（吸放湿性）

結露防止やカビ、ダニをおさえ、アトピー、アレルギー体質の方にもやさしく、他の塗壁よりもすぐれた湿度調整機能の高い室内環境を保ちます

耐火性

火災にも有害ガスを発生させない一般のビニールクロスより耐火性のある塗壁材

化学物質の吸着

家族などが集まる居間や食堂、大切なお子様の部屋、寝室の家具や電化製品などから発生する化学物質を吸着し、軽減します

保温効果

土壁の持つ保湿効果において高い温度の抑減によりエネルギーの消費電力・暖房費をおさえCO_2を削減

再利用100%

環境問題にも配慮し、石油系を一切使用しない自然循環型素材でエネルギーを必要としない土壁と同じ100%再利用

CO_2削減効果

湿度調整によりクーラーの温度設定を上げ、保温効果により暖房温度を下げる事での効果があります

除菌効果

大腸菌や緑濃菌等、一般細菌の増殖をおさえます

防カビ効果

湿度の高い場所や梅雨の時期のカビの発生や増殖をおさえます

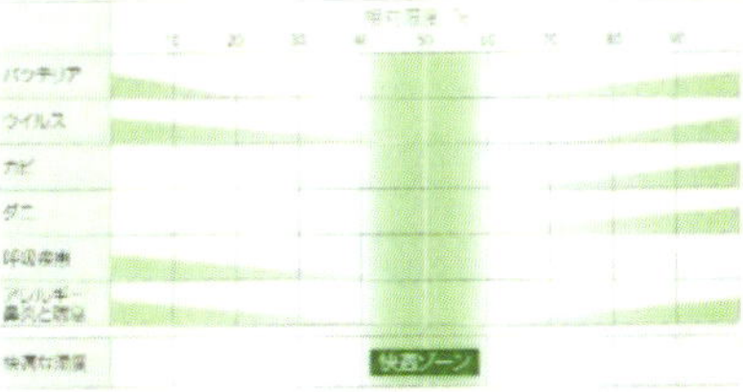

稚内層珪藻頁岩　倍率　×2000　　一般珪藻土　倍率　×2000

他物質との吸湿率　比較　地方独立行政法人　北海道立総合研究機構　測定依頼

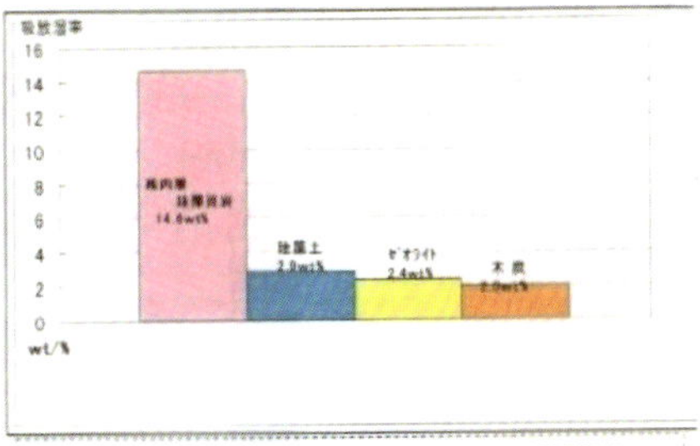

試験法　120℃、24時間で前処理した乾燥試料を秤量し、温度25℃一定の恒温恒湿槽内で、湿度を24時間毎に90%RH、50%RHと変化させた。それぞれの雰囲気における試料の質量を測定し、吸湿率を算出した。
吸湿率（wt%）=100×吸湿量/乾燥質量
90%RHと50%RHの吸湿率の差をグラフ化した。

大腸菌26時間培養後の菌コロニーの発生

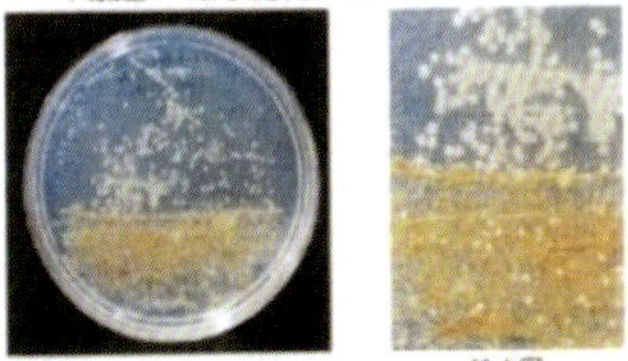

大腸菌塗布後、30mgの稚内珪藻頁岩を散布し、37℃で26時間培養したもの。上部の白い点が大きくなり大腸菌が増殖している。稚内珪藻頁岩散布部でもコロニーが発生するが、増殖は95%抑制されている。

拡大図

化学物質吸着試験結果（測定:北海道立林産試験場）

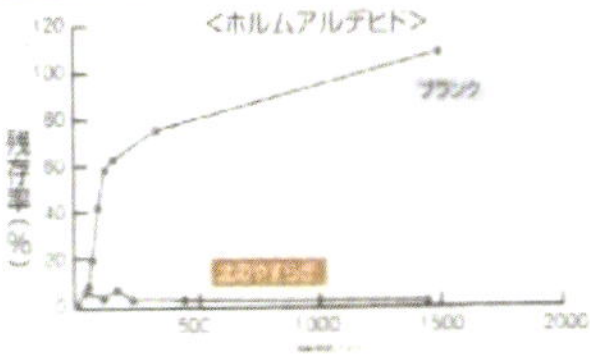

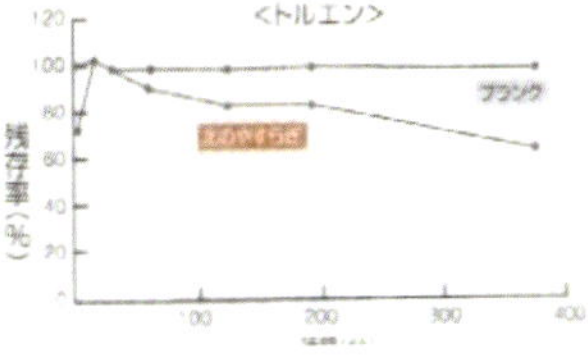

ほたて塗材ルナしっくい

Runafaser

日本ルナファーザー株式会社

ホタテペイント

ルナしっくい

新世代の塗料ホタテペイント「ルナしっくい」は
呼吸する壁紙ルナファーザー用に開発しました
ルナファーザーとの組み合わせで
さらに人や環境に優しく
そして美しい空間へ

資料請求

深みのある独特の質感

ルナファーザーの凹凸模様に、コクのあるルナしっくいを塗装することで、深みのある独特の質感が生まれます。その陰影はあくまでも自然で美しく、お部屋全体に上品で落ち着いた雰囲気をもたらします。

施工が簡単でメンテナンスが容易

ルナしっくい&ルナファーザーは、塗りやすく施工後のひび割れを防ぎます。また表面に細かい凹凸があるので、日常生活でついてしまう手垢などの汚れが目立ちにくく、補修も容易です。

環境にやさしいエコロジー素材

原料のホタテ貝殻は、従来は廃棄処分にされていたものを再利用しています。リフォームする際にもそのままで塗り重ねができ、張り替えによる焼却ゴミが出ないので、CO_2削減に貢献します。

ホタテ貝殻が空気をきれいに

ホタテ貝殻はポーラス（孔）が大きく詰まりにくいため、効率的に臭いの分子を吸着します。ルナしっくいは原材料にそのホタテ貝殻を65%以上含み、高い消臭効果を長期に渡って持続することが可能です。
ホルムアルデヒドなどの有害VOCを吸着し、シックハウス症候群やそれらの物質が引き起こす不快な症状の発生を和らげます。
湿度が高いときには湿気を吸い込み、低いときには湿気を吐き出す調湿効果があり、極端な湿度変化による不快感を軽減します。

商品名	ルナしっくい
成分	ホタテ貝殻（内容量65%以上）、石灰、酸化チタン、水溶性セルロース
ホルムアルデヒド放散等級	F☆☆☆☆ 登録番号：0703005
規格	10kg／袋 粉末状・現場攪拌タイプ

各種試験結果

■　透湿量
355000
ng/s

■　透湿抵抗
0.248
m2・s・Pa/ng

■　透湿係数
4038
ng /m2・s・Pa

アンモニア濃度試験

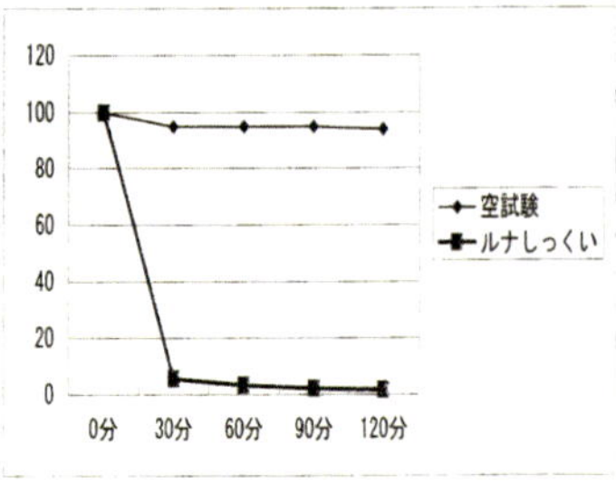

※　試験場所　環境分析試験センター　東京試験所
※　試験方法　テドラーバック法による消臭性試験

ホルムアルデヒド濃度試験

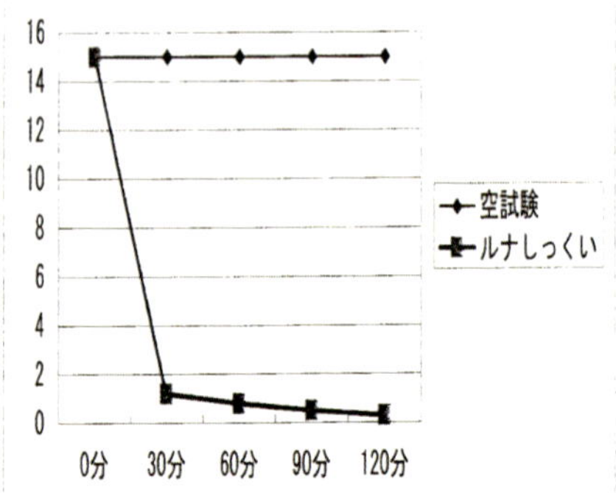

透湿する壁紙1　ルナファーザー

Runafaser　　日本ルナファーザー株式会社

ホーム　会社案内　ヒストリー

ルナファーザーは環境保護先進国ドイツで生まれた人と環境に優しい塗装下地壁紙です

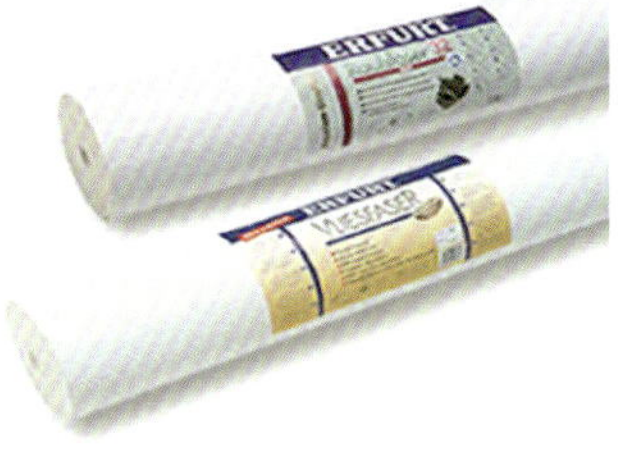

ヨーロッパで100年以上にわたり愛用されているルナファーザーは、紙のパターンとお好きな色の組み合わせで、お部屋のインテリアを思いのままに演出できます。また、自然素材の持つ通気性や透湿性に優れ、結露やカビの発生を抑えます。
塗装には水性エマルションペイントを使用します。ご希望の製品・色が自由に選べます。メンテナンスやリフォームは、そのまま塗り重ねるだけでOK。もちろん、他の色に塗り替えも可能です。再塗装は７～８回程可能で、長期間にわたり張り替える事なく使用できます。そのため、従来の壁紙のように改装時の張り替えによるゴミの発生が無く、長期間にわたり廃棄物の減量に貢献します。

製品案内

塗装下地壁紙ルナファーザーはチップスとフリーズの２種類、住む人と環境に優しく、エコロジーで居心地の良い仕上がり感をお届けいたします。

Tips®　ルナファーザー・チップス

紙と紙との間に木片を梳き込んだ、多層抄合紙で出来ています。
凹凸模様による光と影のコントラストは、シンプルでソフトな美しさを表現します。

No.20/75

No.32/75

No.40/75

Vlies®　ルナファーザー・フリーズ

洗練された模様が、ソフトで優雅な空間を演出します。
非常に強靭でしなやかな紙から出来ており、摩擦や衝撃に強く耐久性に富んでいます。紙の伸縮も少なく貼りやすい材料です。

塗装下地壁紙ルナファーザーフリーズは、簡単な調整を施すだけで、プラスターボード・コンクリート・モルタルなど、どんな下地にも施工が出来ます。紙に凹凸があるので、下地の影響が表面に出にくく、施工の作業効率は抜群です。塗装作業においても、ローラー塗装のため刷毛ムラが出にくく、どなたでも美しく仕上げることが可能です。手あかなどの多少の汚れは、濡れ雑巾で拭き取れます。また、小さな傷であれば、残しておいた塗料でタッチアップすることもでき、メンテナンスが容易です。

No.701

No.704

No.705
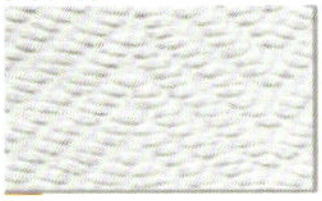

No.706

No.707

透湿する壁紙２　和紙

ただの白い壁プロジェクト

越前和紙・杉原商店の協力で実現することができたプロジェクトです。
若い経師屋さんは、ビニルクロスばかりで紙を貼る経験がなかなか持てません。そこで、実際の現場を利用して、パテ処理、あるいは袋張り、そして仕上げの経験を公開してみました。
ひとつひとつの行程が、「なるほど」の連続。紙を貼ることの面白さが伝わりました。下地は、袋張りと、パテ処理の二種類。やはり、袋張りの方が和紙の膨らみが生きます。

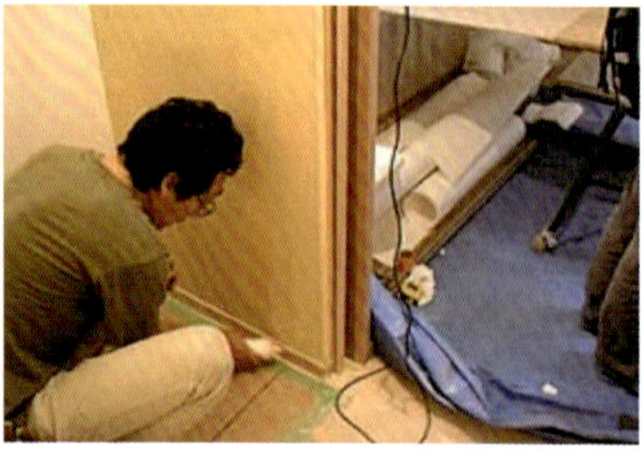

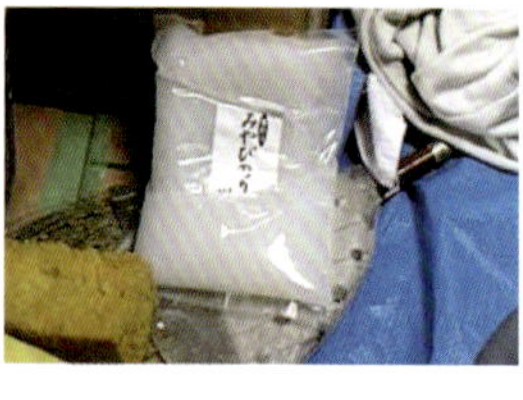

●使用した商品 No : SH-ROLL-02-1000x50000 TADANO-SHIROI-KABE-PROJECT
●単価 ： 25,000 円---1,000x50,000mm ●制作日数 ： 在庫あります。（少し） ●特徴 ：100 センチの巾耳付きで、50m 巻きになっています。

各種材料の透湿率、透湿比抵抗、透湿抵抗値

各種材料の透湿率、透湿比抵抗、透湿抵抗								
材料名	透湿率	透湿比抵抗	厚さ	透湿抵抗(=透湿比抵抗 ×厚さ[m])			備考	
ng/(m· s·P a)	g/(m·h·mmH g)	m· s·P a/ng	m·h·mmH g/g	mm	m2· s·P a/ng	m2·h·mmH g/g		
グラスウール・ロックウール	170	0.0816	0.00588	12.3	100	0.000588	1.23	
セルローズファイバー	155	0.0744	0.00645	13.4	100	0.000645	1.34	
A種ビーズ法ポリスチレンフォーム 特号	4.6	0.0022	0.22	450	25	0.00541	11.3	JIS A9511:2006R
A種ビーズ法ポリスチレンフォーム 1号	3.6	0.0017	0.28	570	25	0.0069	14.4	JIS A9511:2006R
A種ビーズ法ポリスチレンフォーム 2号	5.1	0.0025	0.2	410	25	0.00488	10.2	JIS A9511:2006R
A種ビーズ法ポリスチレンフォーム 3号	6.3	0.003	0.16	330	25	0.004	8.33	JIS A9511:2006R
A種ビーズ法ポリスチレンフォーム 4号	7.3	0.0035	0.14	290	25	0.00345	7.18	JIS A9511:2006R
A種押出法ポリスチレンフォーム 1種 a	5.1	0.0025	0.2	410	25	0.00488	10.2	JIS A9511:2006R
A種押出法ポリスチレンフォーム 1種 b、2種 a、2種 b、3種 a、3種 b(スキンなし)	3.6	0.0017	0.28	570	25	0.0069	14.4	JIS A9511:2006R
A種押出法ポリスチレンフォーム 1種 b、2種 a、2種 b、3種 a、3種 b(スキンあり)	1.4	0.0006	0.73	1500	25	0.018	38	JIS A9511:2006R
A種硬質ウレタンフォーム 1種	4.6	0.0022	0.22	450	25	0.00541	11.3	JIS A9511:2006R
A種硬質ウレタンフォーム 2種 1号、2種 2号、2種 3号、2種 4号	1	0.0048	1	2100	25	0.025	52	JIS A9511:2006R
B種硬質ウレタンフォーム 1種 1号	4.6	0.0022	0.22	450	25	0.00541	11.3	JIS A9511:2006R
B種硬質ウレタンフォーム 1種 2号	5.6	0.0027	0.18	370	25	0.00444	9.26	JIS A9511:2006R
B種硬質ウレタンフォーム 2種 1号、2種 2号	1	0.00048	1	2100	25	0.025	52	JIS A9511:2006R
A種ポリエチレンフォーム 1種 1号	0.75	0.00036	1.3	2800	25	0.033	69	JIS A9511:2006R
A種ポリエチレンフォーム 1種 2号	1.4	0.00066	0.73	1500	25	0.018	38	JIS A9511:2006R
A種ポリエチレンフォーム 2種	0.75	0.00036	1.3	2800	25	0.033	69	JIS A9511:2006R
A種ポリエチレンフォーム 3種	3.8	0.0018	0.27	560	25	0.00667	13.9	JIS A9511:2006R
A種フェノールフォーム 1種 1号、1種 2号	1.5	0.00072	0.67	1400	25	0.017	35	JIS A9511:2006R
A種フェノールフォーム 2種 1号、2種2号、2種3号、3種 1号	3.6	0.0017	0.28	570	25	0.0069	14.4	JIS A9511:2006R
A種フェノールフォーム 3種 2号	33	0.016	0.031	64	25	0.0007692	1.603	JIS A9511:2006R
吹付け硬質ウレタンフォーム A種 1	9	0.0043	0.11	230	100	0.011	23	JIS A9526:2006
吹付け硬質ウレタンフォーム A種 2、B種 1、B種 2	4.5	0.0022	0.22	460	100	0.022	46	JIS A9526:2006
吹付け硬質ウレタンフォーム A種 3	31.7	0.0152	0.0315	65.7	100	0.00315	6.57	
土壁	20.7	0.00994	0.0483	101	100	0.00483	10.1	
ケイ酸カルシウム板	52.1	0.025	0.0192	40	24.7	0.000474	0.988	
コンクリート	2.98	0.00143	0.336	699	100	0.0336	69.9	
ALC	37.9	0.0182	0.0264	55	100	0.00264	5.5	表面処理なし
合板	1.11	0.000533	0.901	1880	12	0.011	23	
せっこうボード	39.7	0.0191	0.0252	52.5	12	0.0003	0.63	
OSB	0.594	0.000285	1.68	3510	12	0.02	42	
MDF	3.96	0.0019	0.253	526	12	0.003	6.3	
軟質繊維板	18.8	0.000902	0.0532	111	12	0.00064	1.3	
マツ	2.74	0.00132	0.365	760	12	0.0044	9.1	
スギ(心材)	1.49	0.000714	0.672	1400	20	0.013	28	
スギ(辺材)	4	0.00192	0.25	521	20	0.005	10	
モルタル 2210kg/㎥	1.62	0.000778	0.617	1290	25	0.015	32	
しっくい	52.1	0.025	0.0192	40	12	0.00023	0.48	
コンクリートブロック	7.7	0.0037	0.13	270	200	0.026	54	
窯業系サイディング	2.1	0.001	0.48	1000	12	0.0058	12	塗装なし
住宅用プラスチック系防湿フィルム A種	—	—	—	—	—	0.082	170	JIS A 6930:1997
住宅用プラスチック系防湿フィルム B種	—	—	—	—	—	0.144	300	JIS A 6930:1997
透湿防水シート	—	—	—	—	—	0.00019	0.4	JIS A 6111:2004透湿防水シートA
アスファルトフェルト 20kg	—	—	—	—	—	0.002	5	20kg/巻
アスファルトルーフィング 2 2kg	—	—	—	—	—	0.144	300	22kg/巻
通気層 +外装材(カテゴリーI)	—	—	—	—	—	0.00086	1.8	外壁:通気層厚さ 18mm以上
通気層 +外装材(カテゴリー II)	—	—	—	—	—	0.0017	3.6	外壁:通気層厚さ18mm以上(通気経路上に障害物がある場合)、通気層厚さ 9mm以上屋根:通気層厚さ 9mm以上
通気層 +外装材(カテゴリー III)	—	—	—	—	—	0.0026	5.4	外壁:通気層厚さ9mm以上(通気経路上に障害物がある場合)屋根:通気層厚さ9mm以上
難燃木毛セメント板	80	0.04	0.01	30	24	0.003	0.6	JIS A 5404
断熱木毛セメント板	39	0.019	0.026	54	24.2	0.00062	1.3	
GRC板	—	—	—	—	—	0.035	72	
ロックウール系天井材	5.9	0.0028	0.17	350	12.5	0.0021	4.4	ロックウール吸音版
せっこう系天井材	7.8	0.0038	0.13	270	9	0.0012	2.4	化粧せっこう

㈶建築環境・省エネルギー機構発行「住宅の省エネルギー基準の解説」より

自然塗料の力・時を超えて

輪島塗の起源にはさまざまな説がありますが、現存する最古の輪島塗は河井町にある「重蔵権現本殿の朱塗扉」で、室町時代の大永4（1524）年の作といわれています。漆器の技法そのものは縄文時代にまでさかのぼることができます。長い時間をかけ、幾世代にもわたって受け継がれてきた技。しかし、それは単に伝統を守ることだけにとどまりません。創意を重ね、技を磨き、つねに進化と深化を続けてきたのです。

たとえば、「輪島地の粉」の発見。これは珪藻土の一種を焼いて粉末にしたもので、漆に混ぜることで頑丈な下地がつくれるようになりました。弱くなりがちな所に布をかぶせる「布着せ」という手法も生みだされました。

こうして、輪島塗ならではの「優美さと堅牢さ」を支える、本堅地法とよばれる工法が完成したのです。江戸時代に入り、享保年間には沈金の技術が確立。さらに文化文政の頃には蒔絵の技術が伝わり、「暮らしの中で使う道具であると同時に、ひとつの芸術でもある」という輪島塗ならではの価値が確立していきます。つねに、より美しいもの、よりよいもの、より優れたものを求める。その強い意志を持つ人々が価値を高め、磨きあげてきた輪島塗の歴史。時を超える価値は、時を超えて磨かれてきた技から生まれます。（輪島漆器商工業協同組合のhomepageより）

輪島キリモト・桐本木工所は、輪島漆器産地の木地業として80年以上の実績があります。 二代目・俊兵衛は、高度成長期から、家具木地を作る設備投資を行い、和室の座卓、飾棚、屏風、衝立、ダイニングテーブル、キャビネット、サイドボードなどの漆器木地を創作してきました。 三代目・泰一は、そのノウハウを活用し「軽くて、強い漆の家具」を中心としたシリーズを展開しています。麻布、珪藻土、和紙などと漆を組合せることで、表情豊かな仕上げ、傷のつきにくい仕上げを生み出しました。その手触りは優しく、柔らかく、とても気持ちが良いのです。確かな技術を持つ木地&漆の職人を抱える桐本木工所では、様々なオーダーにも応えることができます。

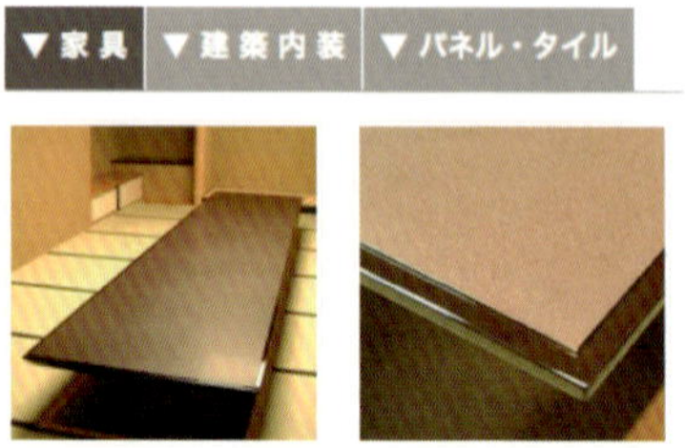

企業 迎賓室テーブル（東京都）

サイズ：t60×W1200×L4460 mm

技　法：本堅地技法、乾漆粉蒔き（黒）

木　地：漆用シナ工芸板、ヒバ、朴

個人住宅 ダイニングテーブル（東京都）

サイズ：D1700×W2000×H700mm

技　法：天板　漆布みせ仕上げ（ベンガラ）／　脚部　拭漆仕上げ（黒）

木　地：天板　漆用シナ工芸板　／　脚部　タモ

環境先進国ドイツでシェアNo.1の自然塗料

リボス自然健康塗料

1972年16人の女性植物学博士が「自然と調和し、人間を大切に育てる」というシュタイナー哲学を理念に「自然塗料」の開発に取り組んだのが、リボスの始まりです。以来、古来の知恵を現代の化学で補う、自然塗料を研究開発し続けています。リボスの比類ないこだわりは、無農薬、有機栽培で、食品レベルの亜麻の花を主原料に、ビタミンを壊さないよう、製造時においても一切の熱、高圧、薬品を使用していません。昔ながらの方法でこれらの天然原料が持つ力のすべてを抽出しています。また、単に天然成分で満足するだけでなく「天然成分であっても人体に有害な物質は排除すべき」という考えを持っています。そしてその結果、リボスだけが単なる「自然塗料」から「自然健康塗料」へと進化したのです。

リボスの特徴

- 有機栽培、無農薬の亜麻仁油が主成分
- 健康に害のない天然成分を厳選
- 完全成分明示・食品レベルの安全性
- 製造時において高温、高圧、化学薬品を一切使用しない

浸透性のオイルは木の吸放湿を妨げないので、木材を健康な状態で長く保ちます。

木部を塗膜で覆うと、木部中の湿気は塗膜を押し上げ膨れや割れを発生させます。

木部に深く浸透した亜麻仁油は、呼吸性を保ちつつ高い撥水性があります。

塗膜に生じたヒビや剥がれにより、水や湿気を急激

地域にも優しい塗料

Livosはドイツで製造し輸入されています。近年では、輸入商品というと現地の自然破壊に直結するということから環境面での悪影響を及ぼすことが問題となっています。

しかし、Livosは違います。製造に伴う環境負荷を考慮し地域に負荷をあたえない取組みをしています。

Livosでは、原材料の亜麻の実の搾りカスは、家畜のエサとして販売をおこなっています。また、ろ過により発生した不純物はバイオガスの原料として再利用されています。このようなエコロジカルな企業のあり方を参考にLivosの工場がある地域ではエコ・ホテルといったエコ・リージョンに対する動きが活発化しています。

DUBRON 室内用 リボス天然水性エマルジョン

デュブロン（ドイツ製）No.400-（容量）

無機質系壁材及び
オガファーザーNew（P9参照）に適した、
静電気を防ぐ室内用水性エマルジョン。

- 100%天然成分使用
- 静電気防止効果があり、ほこりの発生を防ぐ
- 透湿性と呼吸性が良く、快適な室内空間をつくる
- 数年後、壁が汚れた時に重ねて塗装ができる
- 天然顔料ウラ（No.410）で着色（10色）

■全成分
[illegible]
■適合下地　石膏ボード、オガファーザー、他

告示対象外
合成樹脂等不使用

〈缶容量〉1ℓ／5ℓ／10ℓ

塗布面積
無希釈1リットルで9～10m²

グラバ No.408-（容量）

〈缶容量〉2.5ℓ／10ℓ

深く浸透する水性シーラー。

[illegible]

告示対象外
合成樹脂等不使用

URA 人体に安全な天然鉱物顔料

ウラ（ドイツ製）No.410-（色番号）-（容量）

「デュブロン」「カルクウォール」「スイスローム」「カルククリーム」の着色に適した、天然鉱物顔料。

- 土壌・天然鉱物顔料使用（人体に無害）
- 1～10%を塗料にミックスし、きれいに着色
- パステル調、マットな仕上がり
- 全10色（ミックス可能）

告示対象外
合成樹脂等不使用

〈缶容量〉
0.125ℓ／0.375ℓ／2.5ℓ

7

無機系浸透型塗料／信越ビー・アイ・ビー株式会社

カイムファァルベン

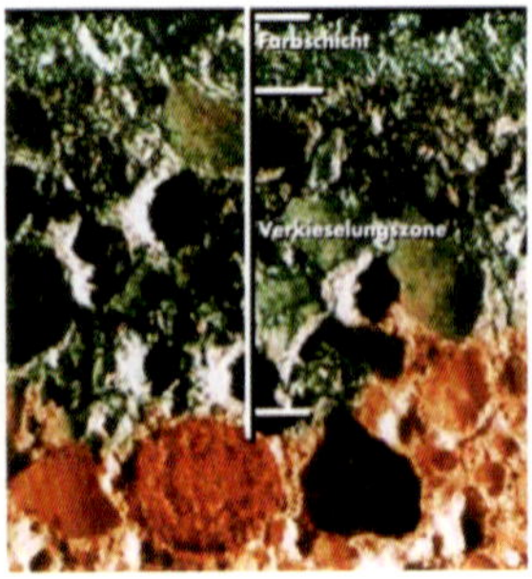

天然原料
カイムのシリケート塗料。その品質を支えるものは選び抜かれた天然原料です。バインダーの液状カリウムシリケート、充填剤の天然ミネラル、そして無機色素。このコンビネーションによって、類まれな耐久性と耐候性を備えた色褪せの起きない塗料が完成しました。

保護作用
バインダーの水ガラスが、ミネラル系下地（漆喰・自然石・コンクリート・モルタル等）に浸透すると、反応を起こして下地と一体化します。これによって塗装面が保護され耐久性が高まります。表面を覆うだけのコーティングとは全く異なる保護作用が発揮されるのです。

耐久性
百年以上前の建造物がカイムの塗料に保護され今も美しく残っています。その耐久性を支える要因は、カリウムシリケートによる耐候性と、ミネラル系充填剤が下地表面と完璧に一体化することにより発揮される高い保護作用。塗膜のヒビ割れや色褪せが起きず剥げ落ちる事もありません。酸性雨や工業排気等に強く建築物理学的にも理想的な塗料です。

経済性
カイムの塗料が持つ耐久性は長期的な経済性をもたらします。長い年月を経ても色彩と下地の状態が安定していますので、メンテナンス塗装の頻度を大幅に抑えることが出来ます。カイムの塗料は様々な壁に対応しており、メンテナンス時にも古い塗料の剥離作業が必要ありません。貴重な時間や人件費・材料費を節約できます

安全性
カイムのシリケート塗料は不燃性です。また、火災時に有毒ガスが発生しないこともドイツと英国の製品試験において証明されています。学校・映画館・デパート等多くの人々が集まる建物、病院・食品保管目的の倉庫、地下鉄構内・トンネル内など、ホルムアルデヒドや溶剤を含まないカイムの塗料を使うことで様々な建造物の安全性をより高めることかてきます。

生態系への影響
原料獲得から製造・塗布作業・塗装後に至る全過程においてカイムの塗料は生態学の観点からも非常に優れた製品であると言えます。バインダーに水ガラスを使う技術が、溶剤・可塑剤等を無添加にしました。外壁の補修塗装に際しても、水を使った洗浄などの後で作業に入ることができ、環境に大きな負荷をかけるヘンキ剥離剤は要りません。カイムの塗料は環境と健康の為に安心してお選び頂ける製品です。

エコリフォームに有効な建材・工法１／株式会社明光建商

シポフェース

シポフェースは遮熱性や消音性、防水性、防錆にとても優れた塗料です。また施工面でも専用マシンにより工期の大幅な短縮を行うことが出来ます。有害物や環境ホルモン成分が入っていない「環境」をテーマにした遮熱塗料です。 遮熱塗料のシポフェースを屋根に施工することで、

一番大きな熱の元である太陽光を反射し、25％以上のエアコンの省エネを実現します。

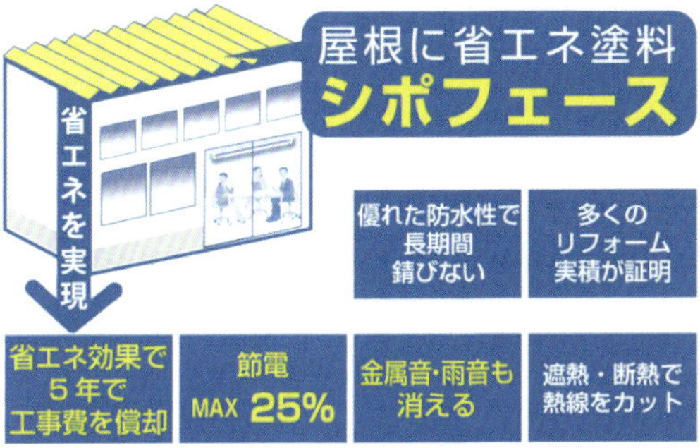

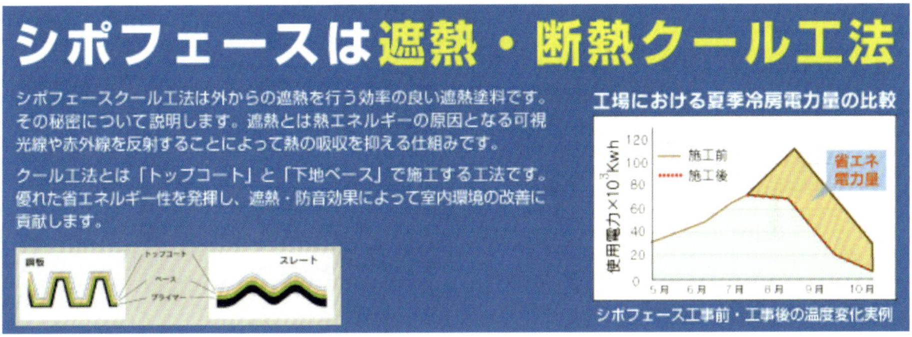

シポフェース工事前・工事後の温度変化実例

■ここが違う！　省エネ遮熱塗料シポフェース

★　愛知万博で証明された遮熱性能「環境」をテーマとした愛知万博（2005 年）のパビリオン建設中、金属でできた屋根は太陽熱による膨張で、音鳴りが常時発生。 そこでシポフェースを屋根に塗布し、会場の計５万㎡の屋根表面の温度を３０℃下げることに成功しました。

★　塗膜が劣化しないから長寿命　塗料の剥離や落下の原因は、塗膜に含まれる樹脂の劣化がほとんどです。 シポフェースは骨格にセメント結晶を使用し、柔軟性を持たせるために若干の樹脂を入れた構造となっています。 また、躯体や金属などの表面にも強固な付着性を発揮し、長期に渡る塗膜形成を実現します。

エコリフォームに有効な建材・工法２／株式会社明光建商

ガードフェース

ここが違う！　窓に塗るだけガードフェース

★夏は涼しく、冬はポッカポカ

夏場は外部から進入する熱エネルギーを大幅にカット。冬場は室内暖気を逃さないので、冷暖房効果がアップします。窓の大小に関わらず、オールシーズン効果を発揮します。

★窓際の温度-10.3℃！　冷暖房費約15%削減！

窓ガラスから入る熱は全体の71%、冬に窓ガラスから逃げる熱は48%もあります。窓ガラスを断熱させることでエアコンの費用を大きく節減し、省エネを実現します。

さらにガードフェースにはUVカット・防汚など、用途に合わせた快適効果を選べるラインナップがあります。

■ガードフェース３つの特徴

1. エアコンの省エネ効果 20%UP　高い断熱効果で結露も防止！
   熱線吸収効果による外気との熱遮断で結露も抑制。夏も冬も快適な空間へ
2. 約 10 年保てる性能。抜群の耐久性
   フィルムの様にはがれず、その性能を約 10 年間保ちます
3. 速い！ 安い！ 暗くならない！
   専用ローラーで塗るだけの簡単コーティング施工

エコリフォームに有効な建材・工法３／株式会社明光建商

採光ブラインド**アカリナ**

特殊効果を持つスラット（はね）で、太陽光を窓全体から拡散させ、室内を明るくするブラインドです。太陽光を拡散させることで、室内はムラの少ない良質な光に包まれます。影ができにくく、やわらかな光なので、目に負担をかけず作業効率もアップします。 部屋が明るくなることで昼間の照明を消灯でき、消費電力の削減が可能です。ランニングコスト“ゼロ”で人にも環境にもやさしい製品です。

1 変換された柔らかい光が隔たりなく室内に広がります。

日本文化の"障子"を進化させた特殊効果のスラット。影や隔たりを作らず、部屋全体を明るくします。

特殊効果を持つスラットにより、太陽の直射光を拡散光に変換します。 その拡散光は室内多方向に広がり、部屋の奥まで光を届けます。 日本古来の文化・知恵である障子の機能を進化させました。

Check **照度実験により、拡散効果は実証されています。**

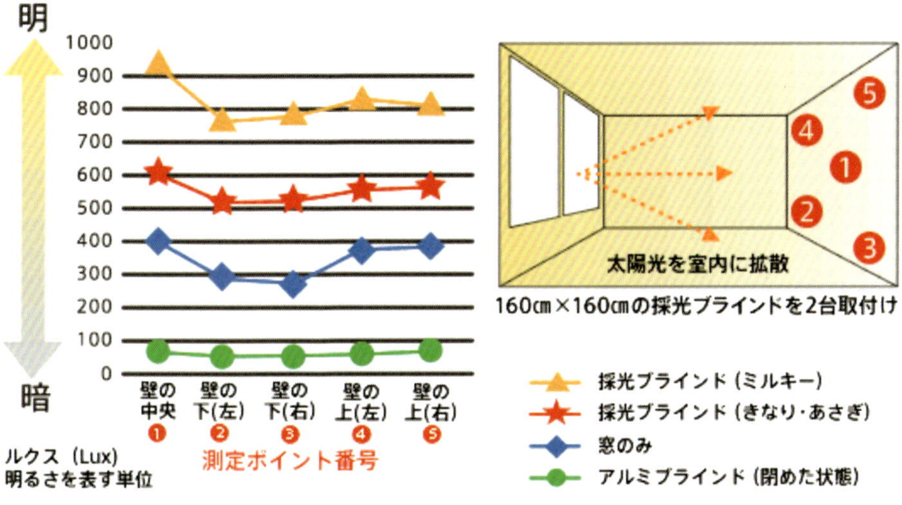

2 ランニングコストゼロだから、環境にもお財布にもやさしい。

拡散光を利用することで室内照明を消灯すれば、消費電力の削減が可能。CO2 排出削減も。

特殊効果を持つスラットにより、太陽の直射光を拡散光に変換します。 その拡散光は室内多方向に広がり、部屋の奥まで光を届けます。 日本古来の文化・知恵である障子の機能を進化させました。

リフォームに役立つ建材・工法４／株式会社明光建商

耐震性向上に最適！軽量内外壁仕上げ材サンフェイス

サンフェースは外壁を軽量化 工事費を削減

サンフェースはとても軽量に出来ているため、建築コスト・躯体工事が安く仕上がります。また柔軟さを持っているため、下地を選ばずどんな場所でも貼れます。軽量なので地震などの落下危険度も低く、外壁改装工事に最適な建材です。
またサンフェースは防水性に優れた外壁材・内装材です。また防水シートとしても使用することが出来ます。
そのため浴室などの防水性が必要な箇所の壁材として最適です。

丸い壁や柱にも使用できる柔軟な壁材です

サンフェースを指で曲げたり捻ったりした場合の写真です。指の力でも簡単に曲げられるほどの柔軟性を持った建築仕上げ材です。

18種類のシート柄から選べます

その他のシート柄はお問合せ下さい。

サンフェースはとても軽量に出来ているため、建築物への負担が少なく、耐震建築物への外壁材として最適です。また柔軟さを持っているため、揺れによってひび割れなどの心配はありません。
日本は四季があり、温度変化が激しい地域です。物体は温度変化によって伸縮するため、伸び縮みしたときにひび割れする場合があります。サンフェースは温度変化に強く、ー20度を超えてもひび割れしません。北海道などの寒冷地でも使用できる耐候性を持った外壁材です。

施工前（足場）

下地処理

割り付け後サンフェース施工

無機質系で柔軟性がある柔らかい景観シートです。大変軽量化されているので、安全面を確保し、人命にかかわる大きな落下事故を防ぎます。どんな場所にも貼ることができ、柔らかいシートなのでアール形状の所でも張ることができます。

施工完了

・コンクリートなのに柔軟性がある

指の力でも簡単に曲げられるほどの柔軟性を持った建築仕上げ材です。柔軟性を持った素材だからこそ、どんな曲面の壁面にも貼り付けることが出来ます。

・耐久性抜群　美観も長寿

セメント系素材に天然の骨材を使用しているため耐久性に優れ、変色しにくい壁材です。施工直後の美しさが長持ちします。他社製品の５年後を比較すると、サンフェースはひび割れや変色を全くしていないことが分かります。

断熱、遮熱、飛散防止・防犯に対応するウインドウフィルム

エアコンの設定温度を1～2℃上げて、さらに節電！

日射調整フィルムで**日射熱をカット**

↓

エアコン効率がアップ

エアコンの設定温度を上げてもお部屋の快適性を保てます。

住友スリーエム株式会社
コンストラクションマーケット事業部
〒158-8583
東京都世田谷区玉川台2-33-1
http://www.mmm.co.jp/cmd/scotchtint

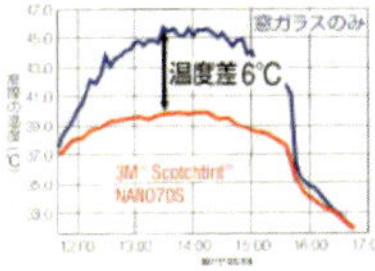

日射調整フィルムを貼った窓際は
夏期の電力需要がピークとなる
13時から15時において
左のグラフのように温度が低下します。

■測定条件
ガラス厚 フロート10mm
測定日 2007年5月8日(晴れ時々曇り)
最高気温 25.9℃ 最低気温 15.3℃ 窓際20cm

おすすめの 3M™ スコッチティント™ 日射調整フィルム
NANO70S：バランスがよく、透明なのに高い遮熱性を発揮。
NANO80S：NANO70Sより透明度は高いが、熱吸収率は低い。
NANO90S：熱割れ対策に、ほとんどの網入りガラスへ貼付可能。
(一般住宅には NANO80S が最もポピュラーです)

節電しましょう！ でも子供やお年寄りには快適・安全も必要です。

3M™ スコッチティント™ ウインドウフィルム

日射調整フィルム(遮熱タイプ)をおすすめします。

日射調整フィルムを貼れば、節電のためにエアコンの設定温度を上げても「しのぎやすい」

日射しの熱を1/2カットするので節電できます！

窓ガラスから入る日射しの熱を最大で1/2にカット。
それだけお部屋が熱せられないので、エアコンがよく効き節電できます。

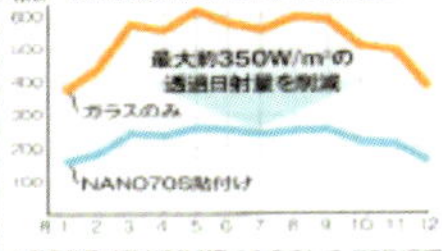

左グラフの350W/m²の値を換算すると、ピーク時の節電効果※は

NANO70S：約70W/m²
NANO80S：約60W/m²

※節電効果は室内再放射量分を考慮して、COP(空調機のエネルギー消費効率)を4.0として算出。

有害な紫外線を99%以上もカット

窓ガラスから入る有害な紫外線から、
ご家族やご自宅を守るのに
おすすめします。

日焼けによる色あせを低減する効果があります

ガラスのみ
フィルム貼付け

ガラスの安全対策(飛散防止)

日射調整フィルムは、災害時に
割れたガラスの飛散を抑えるので安心です。

地震で窓枠が歪んだ状態を再現した実験結果

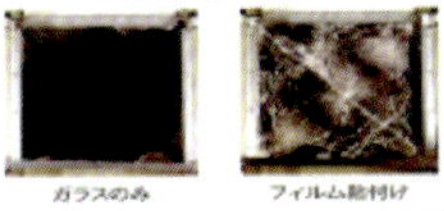

ガラスのみ
フィルム貼付け

施工時間は4時間ほどです

一般的なリビングの窓なら
4時間ほどでフィルム貼りが完了
します。
窓ガラスのお部屋側に貼るので、
ご近所への気遣いが不要です。

ガラスの「熱割れ」
日射が直接当たるガラスに3M™ スコッチティント™ ウインドウフィルムを貼ると、ガラスの日射熱吸収率が高まるためにガラスの「熱割れ」が発生する場合があります。
施工前に、ガラスの「熱割れ」が発生する可能性がないことを必ずご確認ください。
詳しくは弊社Webでご覧ください。

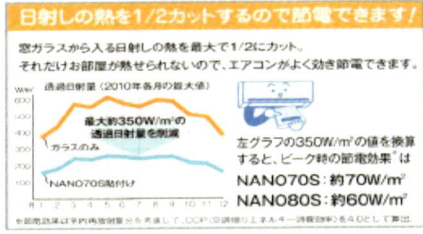

リフォームに役立つ建材・工法6／デュポン・小林商事（株）

高耐久水回りカウンター仕上げ材 コーリアン

日本の市場で時間を掛けて信頼されて来たデュポン™ コーリアン®は、天然の鉱物質を主体に、樹脂の中でも特にすぐれたMMA（メチルメタクリレート）樹脂を科学的に融合させたメタクリル樹脂強化無機材です。自然素材のデメリットを科学的に解消。しかも、ナチュラルな質感を持つ理想の素材です。

リフォームに役立つ建材・工法7／住友3M・小林商事（株）

音環境を調整する吸音フィルムG

3M™ダイノック™吸音フィルムG

工法提案

工法

※3Mでは、工法提案と施工会社のご紹介をいたしております。詳細につきましては、お問い合わせください。

	断面図	製品サイズ	特徴
刺し目地工法	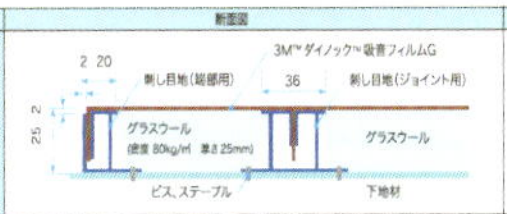	最大 幅1.12m X 3m（縦貼り） X 7.5m（横貼り）	大面積の施工が可能で目地や小口が少ない納まりが可能です。
簡易パネル工法	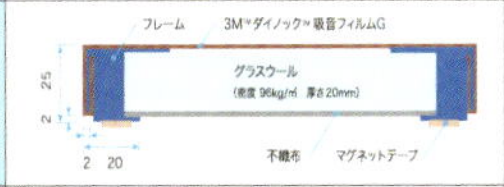	450mm X 450mm	一般の方でも簡単に設置できます。マグネットの脱着なので下地を傷めず、現状回復が容易です。
アルミフレーム工法	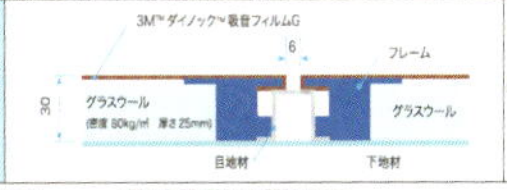	最大 幅1.05m X 3m	Dボードのようなシャープなエッジで透かし目地の納まりが可能です。

●吸音効果は環境により異なります。
また、効果の感じ方には個人差があります。
●このカタログに記載された仕様、デザインなどは、予告なしに変更することがあります。
●製品の仕様、数値は代表値であり、保証値ではありません。
●ご使用される前に必ず効果のご確認をお願いします。
●3M、ダイノック、DI-NOCは、3M社の商標です。

3M
3M Japan Group

カタログやサンプルのご請求はホームページまたはファクスから
www.mmm.co.jp/cmd/
FAX 0120-282-369

優れた吸音性能で、コミュニケーション環境を改善します。

3M™ ダイノック™ 吸音フィルムG製品情報

サイズ：幅1200mm × 長さ45m × 厚さ約0.3mm
不燃材料大臣認定取得　NM-3356
（下地基材との組み合せではなく、この製品単体での不燃材料の大臣認定を取得しております。）

3M™ ダイノック™ 吸音フィルム G は、耳触りな 4,000Hz 前後の周波数の残響時間を低減しつつ、声の主成分である 500Hz 前後の周波数の残響時間も低減する効果があります。

■ 残響室法吸音率　（「刺し目地工法」で測定）
（試験方法：JIS A 1409「残響室法吸音率の測定方法」　測定機関：財団法人小林理学研究所）

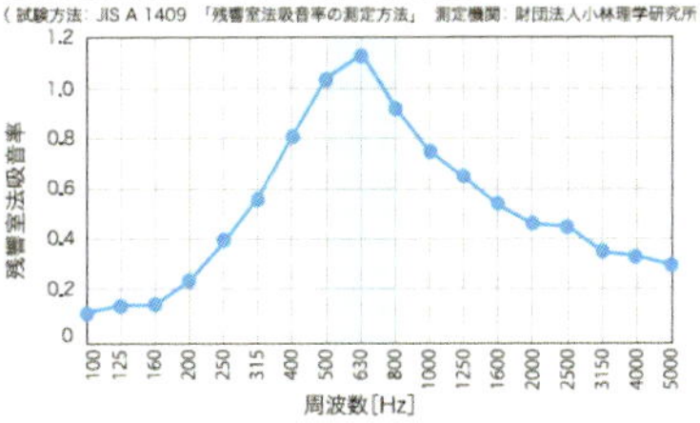

標準ラインナップ

ダイノックの豊富なバリエーション496柄からも選べます。

フローリングとプラスターボードにビニルクロスという仕上げがいつの間にか定番となってしまいました。しかし、これでは反響音が大きく、耳が疲れ気が疲れるのが日常です。
音空間の理想は和室です。
もう一度、日本の住宅に静かな落ち着く空間を実現しましょう。リフォームでの活用が期待される建材です。

東西屋根面で OM 集熱+ヒートポンプエアコン制御「秩父の家」

太陽熱と地熱を利用したシステムを導入しています。OM ソーラーシステム、床下蓄熱と地熱のハイブリッド、アースチューブによる 24 時間換気。パッシブ的な手法は、屋上緑化、吸水型外壁、調湿型内壁、遮熱内壁など。１階のリビングは長い食卓用のベンチと共に、床にタタミを埋込んでいます。ソファのいらない団欒の間ですね。もう一つの顔はご主人の道場です。

木の繊維の断熱材と遮熱シートを初めて施工したプロジェクトハウスです。ご夫妻は北大の出身でしたので、北のデザインの形にしました。マンサードをイメージする家型でしょう。
断面形状が面白くロフトは宙に浮かんでいる断面をしています。２階のどの部屋にも吹抜けがあります。何処にいても家の形を感じることが出来ます。

活用している断熱材は、ウッドファイバー。敷設すると、現場の音が静かに、外の車の音も小さくなる。使っていて気持ちがいい。

屋根からの集熱空気を取入れる。垂木間に入れるので数が多い。「そらどまの家」では、これを一カ所に整理した。また、ファンが止まると自然通風で小屋裏換気ができる。

腰屋根が採光と通風をつくり出す家「永福町の家」

東京の中の落ち着いた住宅街の一角にあるこの土地は、江戸時代から東京の水動脈となってきた神田川に面する河川敷です。ご主人の幼少時代には、よく水害に見舞われた経験があったという。今では護岸が進み、川は人々の住む地盤から遠のいている。その護岸工事のおかげで、周辺が整備され、隣接地には公園が広がり、川向かいには、電力会社の運動場があり、遠望が利いている。

見積時に、東京、滋賀、そして徳島と３カ所から木材の見積りを取った。徳島からの運賃は、約20万円だった。東京の材木屋よりは、一割ほど安かった。同じ価格でも、木の素性がわかっている方が使い甲斐がある。徳島のスギは、葉枯らしで頑張っている木頭スギだから。

この家は、オーソドックスな越し屋根付きの切妻。その越し屋根をトップライトと通風に使っている。そしてOMソーラーとポット式石油ストーブが暖房をになう。

この家の材料は、木、土（珪藻土・漆喰)、紙（京からかみ・和紙の壁紙)、石、タイル。古い材料に新しさを感じ、その表現を遊んでいる。極めつけは、床の間の床板。これはシナベニヤ下地に布張り。その布がとてもおもしろい。金箔地に、エンジ色の布を二枚重ねることで、モアレを出し、そのモアレが木目に見えるというもの。不思議議な床板が誕生した。(左中写真)

設計：丸谷博男
　　　＋arts and architecture
建設地：東京都杉並区
敷地面積 299 ㎡
延床面積 190 ㎡
１　階床面積 93 ㎡
２　階床面積 97 ㎡

土と木と和紙が融合する家

無垢の木床、マットで真っ白な珪藻土壁、無垢の板天井、そして唐紙の襖、美濃和紙の障子、縁なしの琉球畳、床の間の壁は浅黄色の土壁、床板は金箔地照りモアレ。（前頁左中写真）
屋根は信州に見られる腰屋根付きの切り妻。
１階には濡れ縁があり、家庭農園に執心のご主人の休憩場所になる。
２階には、大きく広がるバルコニーがあり奥様の干場がたっぷり。また、奥行きが深いバルコニーは風呂好きのご主人には、露天風呂間隔の入浴を提供している。
太陽熱による温風が家中を吹き抜けると共に、夜間には石油ストーブと煙道採熱温風循環床暖房が家全体を暖める。

玄関は吹抜けを含む大きな空間。これはご主人のご希望。
階段は、折り紙のような和風の感じのするアクロバティックで軽快なデザイン。吹抜けのRの壁は2階の脱衣室に広がりをつくる壁。一挙両得のアクセントとなっている。
暖炉もまめなご主人により楽しく管理されている。

松とヒバとチークでつくる家「宮城野山荘」

寄棟屋根のような原風景を持つ建物を別荘地に設計した。これが私のデザインだと主張するよりも、景色としての原風景を甦らせることを大切にした。つまり、修景が設計の一番のテーマだと解した。しかし、ディテールはシンプルでモダンでなければならない。洋間であっても障子の持つ良さは変わらない。すべて壁の中に引き込むことでガラス戸の世界と障子の世界の二律背反が同居できたのだと思う。

銅板の屋根は太陽熱を集熱し、OM ソーラーを司っている。留守がちの週末住宅にとって換気が一番大切。OM は留守中も稼働し、換気装置として役立ち、全くカビの悩みはない。棟押えのガラスは、南側は屋根集熱を高め、北側はトップライトとして中廊下を明るくしている。デザインはあくまでも原風景の復活。景観を邪魔しないデザイン。個性はいらない。

中廊下の吹抜けは、冬の昼間は大きく開放し、太陽熱によって暖房しているが夜になり室温が低下し、補助熱源での暖房が必要となる時には、ロフトの手摺壁になっていた障子が光天井になり暖房範囲を縮小し省エネを計っている。雨戸が閉まっていても昼間、ここは明るい。

屋根の南面には太陽集熱のためにガラスが載せられ、北側はそのガラス面をトップライトとして利用しています。中廊下が明るく、雨戸を閉めていても明るいのが気持ち良い。

不思議な平面形をしています。寄せ棟なら長方形ですが、ここではもう2つ、角が多くなっています。中廊下を見ると両サイドが窓となり、視線が外に抜けています。
六角形の少し歪んだ平面は、思わぬ外観を生み出します。とてもの軒が長く見えたり、水平感が生み出されたりと、こんなところにモダンさがあるのです。
屋根のガラスは、棟飾りを兼ねていますが、北側はトップライト、南側は太陽集熱器に使っています。

玄関前のキャノピー　細い柱にはツタが絡まる予定

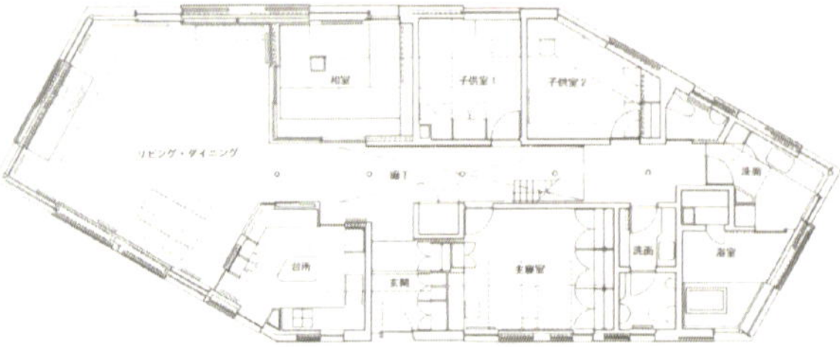

1階平面　縮尺1/200

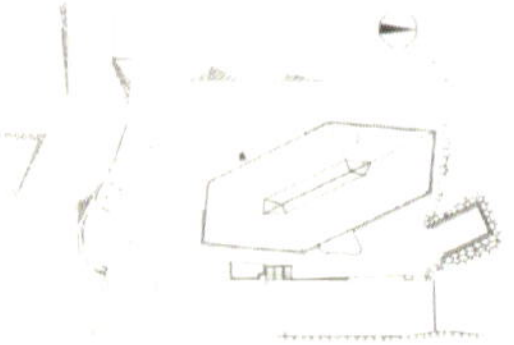

配置　縮尺1/1,000

内外大壁のためおおらかな外観となり、屋根の銅板は歳月と共に緑青を帯びてきている。

21C 型環境共生住宅**北九州市エコハウス**

・建主　北九州市
・　設計監理
北九州市建築都市局
住宅整備課
・　設計、委託監理
㈱醇建築まちづくり
研究所
＋丸谷博男（協力）
・　施工　㈱瀬口組
・　木造２階建て
・　延床面積
183.43 ㎡
・　１階床面積
114.02 ㎡
・　２階床面積
69.41 ㎡

太陽熱と地熱を利用したシステムを導入しています。OM ソーラーシステム＋太陽光発電、床下蓄熱と地熱のハイブリッド、アースチューブによる 24 時間換気。パッシブ的な手法は、付設温室、屋根裏の風洞、吸水型外壁、調湿型内壁、屋上緑化など。多種多彩です。実際に暮らすものではないのでメニュー方式になっています。段差解消機や遮光機なども設備しています。

「呼吸する家」をテーマに壁や屋根を徹底して考えてみました。外壁の下地に遮熱シートを張り、その内側に通気層。そして通気層の内側には透湿抵抗が低く耐力壁となるケナボード、その内側に 100 ミリの木の繊維の断熱材、さらに内側には冬は防湿、夏は透湿する可変透湿シートを張り、その内側には普及しているプラスターボード、そして調湿性のある内壁材です。

左：玄関前に広がるパーゴラ

右：玄関土間を多用途とするために大きい面積にしています。

玄関土間、付設温室に囲まれた居間は太陽の光が豊富。太陽広場と言える空間です。

２階は共通の学習室と主寝室、子供室。中心のロフトを囲むように吹き抜け空間が広がる。

パッシブ手法としては付設温室、ここではエコ縁側といいます。夏は簾や外部にツタ性の植物を這わせて日射を防ぎます。冬は晴天では太陽光を取入れ、雲天時や夜間には放射冷却を防ぎます。エコ縁側と室内との仕切りは障子で行ないます。この縁側は近所の方が気軽に訪問するところで喫茶コーナーと考えています。

水回りは木のフローリングと腰壁、そしてシラス塗壁を塗り調湿性と木の臭いの空間をつくっています。
木材は九州の杉材です。アレルギーを引き起すダニ・カビの発生予防に有効なだけではなく、気を鎮めるアロマ効果もあります。
夜の室内は、塗り壁の表面がでこぼこなため大変優しい拡散光りに包まれます。

断熱は、基礎周辺外部より１ｍまで施工し、内部は地球の地面と熱応答させる。

構造は、柱が基礎に直接に立つ「石場立て」「柱勝ち」工法をとっている。
柱を緊結する金物の精度が大切。

可変透湿シートの施工初めてだったが
現場に混乱はなかった。

可変透湿シート「インテロ」と遮熱シートの施工状況。
「インテロ」は、気密が大切。最終的にはジョイント部は気密テープで気密化する。

左下の写真は、OM ソーラーと太陽電池パネルの敷設状況。

呼吸する家・遮熱する家「日進町の家」

コンパクトな敷地でも、楽しめる庭、環境をつくる緑を楽しむことができる。建築にはできない潤いの環境が生まれる。
木造でも屋上緑化が安心してつくれるようになった。スカイプロムナードの御陰です。

建ちの低さは日本の伝統感覚。水平感のある落ち着いたプロポーションです。

床はカラマツ、天井と壁は和紙、そして障子。気持ちのよい団欒の間になりました。ご主人のこだわりは、畳ベンチ。昼寝が気持ち良いようです。

内装は和紙張り、天井は品合板、そして畳。寝室に適した落ち着いた環境が作れます。

写真上左右／柱勝ち構法による軸組。木材は北海道さんのカラマツ集成材。
写真中左／野地板を 10 ㎜目地を開け通気をはかる。野地板下に敷設される断熱材「ウッドファイバー」の中に溜まる湿気を野地板上の通気層に排出する。
写真中右／野地居た上の通気層 15 ㎜を形成するポリプロピレン製「イーストルーフ通気メタル」
写真下左／耐力壁通気ボードの「ケナボード」。現在製造中止、一年草でつくれるボードとして再販を望みます。

地熱ヒートポンプ・PP製輻射冷暖房「宮城県古川の家」

２階リビングのため、２階のスカイガーデンはプライベートガーデンとなる。雪の景色もなかなかいい。
北向きの庭は、意外に明るく、景色が元気を呼び起こす。世の中の反射光が家の中の隅々に行き渡る。
とても癒される空間となる。北の光は優しく１日安定している。

和室、左の壁面に輻射パネルが設置されている。
不凍液を通さない時が上の写真。ポリプロピレンの色である。下の写真が不凍液を入れて運転している姿。
その後の経過で、パネルにそって冷気が降りるため、和室に設置せずに隣接する広縁や板の間に設置するようにしている。

北入の敷地。それが返って良かった。
北のやさしい光、南の温かい太陽光。
天の恵みで一杯である。
１階は、遊びの空間。茶事を楽しんだり、
囲炉裏を囲む。

洗面脱衣室と浴室は一体的な関係にあります。輻射冷暖房パネルは、洗面脱衣室にあり、その輻射熱は、一旦ガラスに吸収され、再び放射される。そのため熱量は半減されるが実用上は、浴室にも例温熱が往き亘っている。ヒバ材の壁面は何時も乾き黴びる様子は無い。

どうなるものかと、試みたが結果的には問題なかった。ガラスは、視覚的には透過しているが遠赤外線は透過すること無く吸収されてしまう。しかし、また放熱するため使用上は問題なかった。

地熱ヒートポンプの施工。サンポット社のヒートポンプとテスク社のポリプロピレン製輻射パネルを組み合せて使用した。暖冷房の体感は、大変優れている。

輻射熱塾考

引用・参考資料／非営利・一般社団法人 遠赤外線協会、フジテック株式会社 homepage

■ 遠赤外線の発見

1950～70 年代、NASA(航空宇宙局)において「宇宙船内における人間の生存条件」の研究が行われました。真空、無重力、極低温という過酷な条件の宇宙船内で人が生存するために必要なファクターを調べたものです。この研究において太陽光のうち波長 8～15 ミクロン（μm）の赤外線が生物の生存に欠かせないことがわかりました。その結果、それまで赤外線と総称されていた電磁波は近赤外線と遠赤外線の２つに区分されるようになりました。

■ 遠赤外線は熱ではない

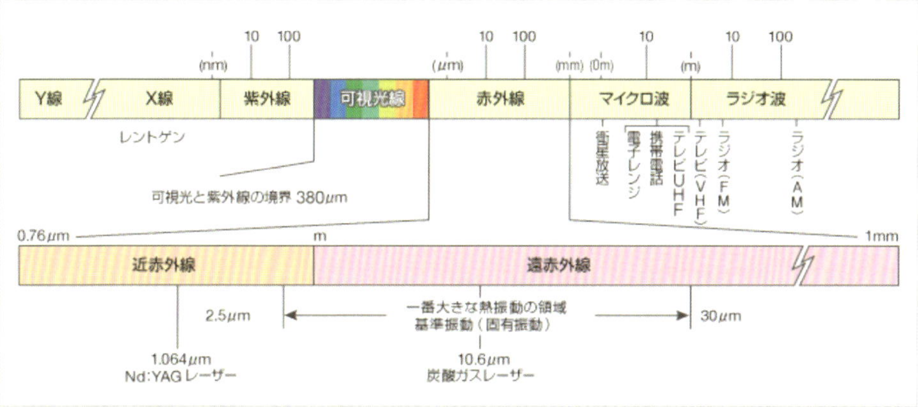

図１：波長（振動数）の特性・作用

遠赤外線は電磁波です。電磁波とは電場と磁場が交互に押し寄せる波です。太陽はガンマ線から電波に至るまであらゆる波長の電磁波を放射しています。その中で0.75～1000マイクロ・メーター（μｍ）の波長領域が赤外線と呼ばれます。更にその中で4～1000μｍの波長領域が遠赤外線です。この波長を温度に換算すると450℃～-270℃となります。つまり比較的低温の放射体が発する電磁波が遠赤外線なのです。

遠赤外線は熱ではありません。熱線でもありません。遠赤外線を酸化していないアルミ板に放射してもアルミ板は暖まりません。

無機質の物質には吸収されずに反射してしまうからです。有機質の物質には吸収され分子運動を活発化させることにより、暖めることが出来ます。熱の伝わる方法には熱伝導・対流・放射の３種類がありますが、遠赤外線を伝えるのは放射伝達だけです。熱は物質の表面を暖め遠赤外線は物質の内部を暖めるという違いがあります。

■遠赤外線の正体は？

光には「可視光線」と目に見えない「紫外線」、「赤外線」があります。光には波と同じ性質があって波と波の間隔を波長と呼んでいます。目に見える光の波長は紫色の光およそ0.4ミクロンから、赤色の光のおよそ0.75ミクロンまでです。紫外線は0.4ミクロンよりもっと短い波長光線であり、更に短いのが放射線です。遠赤外線は赤外線の1種です。

赤外線はその波長の長さによって遠赤外線（0.75〜1.5ミクロン)、中間赤外線は（1.5〜5.6ミクロン)、遠赤外線(O。56〜25ミクロン)、超遠赤外線(25〜1,000)の４つに分けられます。その内 8〜14ミクロンの遠赤外線が人体に最も吸収され易い人体に最も効果的な遠赤外線です。

遠赤外線は電気極性を持つ分子（水分子など）に運動エネルギーを与えます。分子に振動エネルギーを与えて運動を活発化させるわけです。

分子はもともと動いています。水素分子の速度は1.8Km/秒、まっすぐに走れる距離は1.78×１０$^{-5}$ｃｍ、他の分子と衝突する回数は１秒間に100億回といわれます。遠赤外線エネルギーを得た分子は加速して他の分子と衝突します。そして分子の衝突が熱になるのです。遠赤外線は熱ではありません。相手の分子に自己発熱を起こさせる電磁波です。

発熱の原理を説明します。物質を構成している原子のつながりや分子は、物質自体が持っている温度に応じた熱振動(分子運動や結晶の格子振動)をしています。原子と原子のつながりは、右図の様に球(質量)とバネに例えられるような振動を常に行っていますが、この振動数に対応した波長の遠赤外線を吸収すると、遠赤外エネルギーがバネを激しくゆさぶり、振動が激しくなって熱を発生させます。プラスチック、ゴム、塗料、繊維、食品などの物質は長い分子から成り、高分子物質と呼ばれていますが、これらは遠赤外線を良く吸収する性質をもっています。

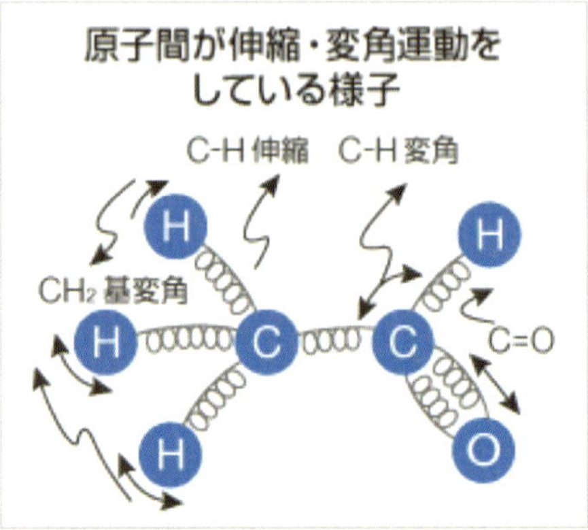

■ 遠赤外線と人体

遠赤外線の効用は

1. 人体から放射される赤外線の波長3〜50ミクロンであり、そのうち人体に吸収され易い8〜14ミクロン波長の遠赤外線は全放射エネルギーの46％を占めている。

2. したがって8〜14ミクロンの波長に近い遠赤外線に放射されると共振作用と共鳴吸収作用が働きます。

人体には無数の有機物、無機物で構成されて居り、構成している分子内部の多くの原子がそれぞれ伸縮回転を特定の振動数で行っている。この振動数と同じ振動数の波長の遠赤外線を照射すると、原子及び原子団に吸収され共鳴吸収現象が起き、共鳴吸収により分子内に大きなエネルギーが発生し大部分は熱エネルギー、一部は活性エネルギーにかわり、分子や細胞を活性化させ微細血管の拡張・血液循環の促進などの効果があります。

3. 遠赤外線の効用はその深達力にある。
エアコンによる空気暖房や赤外線は体の表面しか温めません。(電気コタツの赤外線ランプや焚火等は表面だけ暖める)
遠赤外線は皮膚表面よりも数cmも深い組織に浸透し、体深部の組織の細胞を活性化し、血行を改善します。
ですから、冬Tシャツのままで屋外に出ても、温かさが長持ちするのです。出前の蒲焼きが熱いのもそのせいです。
この様に共鳴吸収と深達力の二つの働きをバランス良く果す波長特性を持った放射体、その効力は、計り知れないものがあります。

■ 遠赤外線の医学

皮下深層の温度の上昇、微細血管の拡張、血液循環の促進、血液と人体と他の組織間の新陳代謝の強化、血管障害の防止、体液障害の一掃、組織の再生能力や抗痙攣能力の増加、知覚神経の異常興奮の抑制、自律神経の機能調整、人体の老廃物有害物質（有害金属）等排出効果は非常にすぐれている。マイナスイオン効果を助長する。常に体温を快適温度に維持し体の冷えを予防。(特に高齢者の熱生産を高め生命力を強化する）快適な睡眠などの効用があります。

1.皮膚を通じてその内部の4～5cmまで浸遠するため、体の表面の筋肉層から血管・リンパ管あるいは神経をはじめ、あらゆる細胞に作用し熱効果を及ぼす。その効果を別の視点からみれば細胞組織のマイクロマッサージと振動的分子運動の共鳴作用による、細胞内の化学物質の活性化といって良い。

2.生体反応としては身体内部から温めて毛細血管をはじめとする微細動静脈を拡張し、それによる全身の血液循環の活性化、それに伴う新陳代謝の強化を生じる。その結果体液の循環障害を除去すると同様に組織の再生力を高め、広く生長の促進に著しい力を発揮する。

3.生体内での総合作用および補充作用をもつため、未熟児用の保育器や温熱型物理治療器、さらには汗腺と皮脂腺からの老廃物・重金属・毒性物質の排除にも役立つものと考えられる。

4.遠赤外線は熱源がいらないので何時どこでも使える便利さがあります。遠赤外線には未知の分野も多くありますが、遠赤外線をうまく活用して健康と生活に役立て心身ともに楽しく元気に生きていくお手伝い役です。
細胞を活性化すればもっと健康になれる。遠赤外線は生命を営む全てを美しく・温かく・慈しみ・育む愛の製品です。
5.遠赤外線は単に体を暖めるだけでなく、体内の働きを活性化させる特徴があるので、つまり心身ともに充電された状態をつくることができる。

■ 放射の基本法則

○Planck(プランク)の法則

黒体(※)表面から、その片側の空間の四方八方に放射されるエネルギーは黒体の温度によってその大きさが変わり、それぞれに波長特性をもちます。この関係は、Planckにより定式化され、半球面分光放射発散度の波長特性として、右図のようなグラフで表されます。

(※)黒体：すべての波長の放射を完全に吸収する仮想的物体

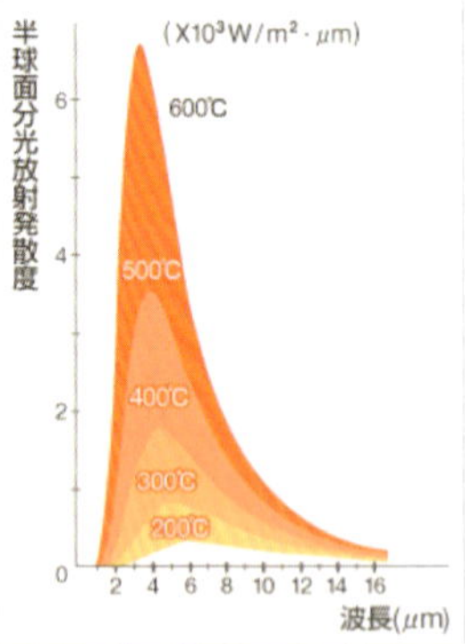

図3：Planck（プランク）の法則

○Stefan-Boltzmann(ステファン・ボルツマン)の法則

ある温度の黒体の単位面積から、全波長域に亘って単位時間に放射されるエネルギーの総量Qは、絶対温度で表した黒体温度T［K］の4乗に比例するという法則で、次式で表されます。

Q＝σ·T4［W/m2］　（ここでσはStefan-Boltzmann定数で、5.67×10−8［W/m2/K4］です。）

Planckの放射式を全波長に亘って積分すれば、この式が得られます。さらに任意の波長域において放射されるエネルギーが、波長域全体で放射される放射エネルギーのうちどれくらいの割合を占めるか、という値を計算出来るように、積分曲線、あるいは数表が用意されています。

参考文献：R.Siegel & J.R.Howell:Thermal Radiation Heat Transfer(2nd Ed.), Hemisphere Publishing Corp., McGraw-Hill (1981)

○Wien(ウィーン)の変位則

Planckの法則の図から分かるように、各温度の黒体から放射されるエネルギーは、波長に対してピーク1つの山型の曲線で、ある波長において最大値（λm）を示します。この波長λmは黒体温度Tによって変化し、高温になるに従い短波長側にシフトします。この関係をWienの変位則といい、λm·T＝2898［μm·K］

で与えられますが、この式もPlanckの法則から導くことが出来ます。

地球にやさしい建築・住宅の課題

丸谷博男

第１章　地球温暖化環境共生時代にふさわしい住宅建設

スクラップアンドビルトの時代に終焉を告げなければならない。
一度作ったものを大切に使い続ける。また、使い続けることができるように、それは、建築技術的にも人々の暮らしにも、そして地球環境にも配慮されたものでなければならない。時間の評価に耐えられるものでもなくてはならない。さらにそれは、時間の経過に耐えられる「更新の技術」を持続的なものとして包含しているものでなくてはならない。単なる個人的域内でのアイデアの範囲では、社会生産とは結びつかない。
こうしてみると、それはものづくりの本質であることが解る。その本質的なものづくりを継続的に支持する基盤をもつ社会であることが、地球温暖化、環境共生時代にふさわしい住宅建設なのだとあらためて理解できるのである。
言いかえると、売上げ至上のための、絶えることのない新商品競争社会では不可能ということになる。それはあまりにも無駄が多く、商品の価値を短時間で下落させるシステムであるからである。建築はファッションではない。とくに住宅や街並みを形成する建築はそうである。

１．　国土の維持と保全

日本の国土は世界的な視野で見て､生物相が多種多様であり、豊かな国土といえる。人間にとっては一年中湿潤で、うっとうしい日々も多いが、動植物にとっては広大な海、急峻な山、水平に広がる扇状地、そして急流ではあるが数多い河川と、四季の変化もあり、一年中その時々に実りのあるアジアの東端にある島、太平洋の西端にある島が日本列島である。
この大地と共生しながら暮らしてきた日本の村や町は、大変衛生的で美しいものと、江戸時代までは世界中に評価されてきた。
江戸のまちの屎尿処理は、循環型であり、それは廃棄すべきものではなく肥料として貴重な資源と評価され､市場価値があった。同じ時代､パリやロンドンでは､屎尿は道路に捨てられ、感染源ともなっていた。ブーツや山高帽、そしてマントは２階から捨てられる屎尿から身を守るためであったことは衆知されていることである。

１９６０年代以後、日本の国土はこうした風土との共生のバランスを超えて､人間本位、経済至上主義の開発へと猛進してしまった。自然の浄化力の能力を遙かに超えた汚染負荷は、村から町、都心部までをあっという間に汚染し、健康を維持することが困難な状況をつくり出してしまったのである。

そして、７０年～８０年代の公害問題および石油ショック、９０年代のシックハウス対策などを経て、今日の環境にまで改善してきている。
アジアの大陸、とくに中国ではこの誤った苦難の経験を繰り返そうとしている。
日本の技術で支援する時が来ている。環境立国日本といえる存在でありたい。

2011 年3月１１日の東日本大震災は、その日本にさらなる共生を地球は迫ってきた。
大津波は、戦後６０数年の人間本位の暮らし方、地方経済の現状に大きな鉄槌を下した。また、福島第１原子力発電所の爆発事故を初めとする一連の原発問題と電力需給は、電気エネルギーに依存しきった現代の暮らしと経済に軌道修正の機会を迫っている。
再生可能エネルギーと半導体利用の太陽光発電、そしてバイオマス発電、風力発電に改めて真剣な眼差しが向けられている。「オール電化」の声も､住宅産業界からはあっという間に消えてしまった。しかし、2012 年 12 月の衆議院選挙では、原発を推進する自由民主党が、景気回復を掲げ、国民の支持を得て国民の期待に応えられなかった民主党に変わり政権を得たのである。国民は良心と好景気の狭間に揺らぎ、苦しい一歩を進めた。その道は険しい。

（1）山里から町へとつながる建設活動

2012 年の「地域における木造住宅生産体制強化事業」のうち 2012 年７月に公募締切のあった「地域型住宅ブランド化事業」では、補助事業の適用と全国から５９２グループの応募があった。結果は３６３グループが採択され、さらに第２次募集では１４８グループの応募があり１１５のグループが採択された。合計４７８のグループがブランド化事業に取り組んだ。

このブランド化事業は、
「地域工務店等とこれらを取り巻く関連事業者（地域材等資材供給から設計・施工まで）が緊密な連携体制を構築し、地域資源を活用して地域の気候・風土にあった良質で特徴的な「地域型住宅」の供給に取り組むことを支援し、地域における木造住宅生産・維持管理体制の強化を図り、地域経済の活性化及び持続的発展、地域の住文化の継承及び街並みの整備、木材自給率の向上による森林・林業の再生等に寄与することを目的としている。このため、本事業では、中小住宅生産者等が他の中小住宅生産者や木材供給、建材流通等の関連事業者とともに構築したグループを公募し、グループ毎に定められた共通ルール等の取り組みが良好なものを国土交通省が採択し、採択されたグループに所属する中小住宅生産者等が当該共通ルール等に基づき木造の長期優良住宅の建設を行う場合、その費用の一部を予算の範囲内において補助する。」（国交省の文章に手を入れた文章）
というものであり、一件の住宅に 120 万円の補助、１工務店が５軒までの建設を限度とした事業である。

これまでも、産地を取り込む様々な取り組みが全国で行われてきたが、今回の事業はさらに地域工務店に必須の取り組みとしてこの事業が公募されたといえる。今後の具体的な取り組みにより､山里から工務店まで、さらには設計事務所までの共同の取り組みが急速に広がることが期待される。

（2）バイオマスエネルギーがつなぐ山と消費地

廃木材、間伐材、稲ワラなどの未利用バイオマスからバイオエタノールを高速で生産する発酵細菌が開発され、産業廃棄物に含まれる木くずや紙くずも含め、バイオエタノールを製造することができるようになり生産への準備や実験設備が急速に開発されている。
また、ペレットのような利用法も合わせて、山と消費地を結ぶ地域循環型のエネルギー供給の道を展望すべき時代が到来したといえる。
さらに、菜の花からの菜種油精製なども考えると、町の景観･観光も含めてのまちづくり的な考え方がこれからの大切な視点といえる。
最近、オーストリアの村々のバイオマスエネルギーと木材活用の取組みを知った。木材チップをそのまま利用して熱供給を行ない、地域暖房としてつくり上げている。一つの建築という小さな規模から集落全体という大きなプロジェクトまである。大切なことは「近山の木を使う」的なことではなく、日常の暮らしそのものと一体となった山の取組みであり、市民参加であると実感した。そのような意味では、日本の山人と里人の取組みは、木を売ろうとする業界の動きでしかなかったと反省させられるのである。

（3）間伐材利用の断熱材に期待

これまで、断熱材の主流はガラス繊維や発泡樹脂が中心に生産され供給されてきたが、脱石油、低炭素化の必要から、また地域循環型の地産地消から木質繊維の断熱材の生産と普及が望まれる。現在は、ドイツの技術を移入した工場が苫小牧で稼働しているだけであるが、今後全国各地での生産が望まれる。木の繊維社が製造しているウッドファイバーがこれにあたる。
また、類似品に秋田で開発された「フォレストボード」というものがある。まだ他地域に広がってはいないが、注目できる動きとして取り上げておきたい。

２．環境負荷の少ない建設

建設業界はこれまで、多くの資源とエネルギーを投入して構造物をつくり上げ、社会に貢献してきた。しかし、地球環境保全の視点から、省エネ・資源対策が求められる今、建設という行為が自然環境に対し、どれだけの負担を与えているかを知り、建設業界としてどのような社会的責務を果たし、環境共生型の建設を実践することが至上課題となっている。

（1）資源エネルギー消費で環境に大きな負荷

最近の研究で、建設業界が年間に消費する資源量は、石材、セメントが国内総生産のほぼ100%におよぶのをはじめ、木材＝70%、銅、アルミ＝各40%、鉄＝30%と、非常に高い比率に達しており、環境問題の対策を検討するうえで大きな負担となっていることが明らかにされている。
この研究は、昭和60年度の産業関連表を用いて資源消費量を割り出し、各資材ごとの生産、運搬などに必要なエネルギー（石油、電気など）の消費量と、そこから発生する炭素量を計算したものである。　それによるとエネルギー消費に関しては、建設関連で日本全体の36.8%をも消費していることになる。また、「消費エネルギーのうち、施設運用に係わる部分を省エネ技術の更なる開発と実施で削減するとともに、全体の8.7%を占めている資材の製造において、製造エネルギーの少ない資材（建材）の選定が不可欠」と、警告している。

製造エネルギーの少ない資材ということの中に、できるだけ加工度の少ない工程でつくられた建材を用いて建設し、できあがった建物はできるだけ永く使うこと。また、永く使い続けるためには、世代を超えて使用できるようなスケルトン・インフィル的な考え方や間取りの多様性に対する対応が必要となる。
さらに、設備の更新が容易であることも欠かせない。外壁の維持管理が住み手の負担にならないことも大変重要である。これらが、満たされてようやく持続可能な住宅建築となる。
そして、さらに必要なことは、建設時の省資源、省エネルギー、省梱包材、省廃棄建材などである。これらは、業界あげての取り組みが必要とされている。
では、どのような建材を使用すべきなのか。
科学技術庁による住宅用建材の製造エネルギー調査を見れば、数ある建築資材のなかで木材が最も優れた省エネ建材であることがわかる。コンクリートも低い数値になっているが、立方メートル当たりの消費量はもちろん、その主材料であるセメント製造時によるエネルギーを必要とするため、結果的にｋｇ当たりでも木材の倍近いエネルギーを消費することになる。

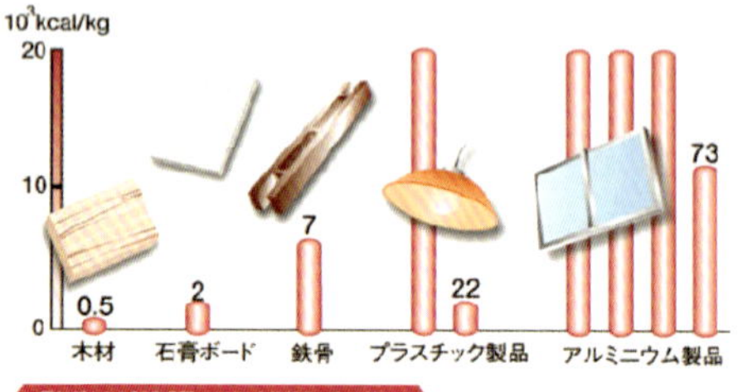

資料：科学技術庁「ライフサイクルエネルギーに関する調査研究」

さらに細かな、製品ごとの消費エネルギーの倍率調査（日本住宅・木材技術センター）では、例えばアルミサッシは木製サッシの31倍。アルミドアは木製ドアの127倍。組足場に使う鉄パイプは丸太の８倍ものエネルギーを消費することが報告されている。
これらの結果から、もはや建設業界にとっては、木材抜きに省エネは語れないといえるのである。

（2）地球にやさしい木造建築

前出の研究では建築資材の生産をはじめとする建設行為による二酸化炭素発生量が日本全体の34%を占めており、この部分でも自然環境に与える影響が想像以上に大きいことが明らかにされている。さらに、資材生産から完工までの単位床面積当たりの炭素発生量を、木造、鉄筋、鉄骨鉄筋といった工法ごとに推定することで、積極的な炭素放出対策を理解することができる。

木材そのものは、本来炭素を固定しているため、固定炭素量をマイナスの放出量として計算すると、木造建築の炭素発生量はマイナス２kg／㎡という驚くべき数字になってしまうのであるが、木材といえども最終的には燃焼などで二酸化炭素を発生するということで、固定炭素量を０として算出する。
それによると、１㎡当たりの炭素放出量は、最も少ないのが木造建築で79kg。次いで鉄骨、鉄筋コンクリートの順で最も多いのが鉄骨鉄筋コンクリート（ＳＲＣ）造りの167kgと、木造の倍以上の炭素を発生させている。
炭素の固定を考慮しなくてもこのとおりで、木造建築がいかに地球にやさしい工法であるかが理解できる。
さらに、この研究では「他の資材とは逆に、木材はその成長過程で炭素を吸収、固定化する。都市部の中・高層建築は無理としても、ＳＲＣ造りでも鉄やセメントの使用量を減らし、内装を石油化合物から木材に切り替えるのが望ましい」としており、消費エネルギーでの有効面からも、構造体としての木材の使用の拡大を、地球環境への負担を低減させる具体的な方向性として指し示しているである。

（3）木材調達におけるグリーン化

持続可能な森林経営を実現する必要があるが、その阻害要因として「違法伐採」が指摘されている。このため、国等が購入する木材については、グリーン購入法により合法性・持続可能性が証明された木材とすることとしているが、広く民間にもこの措置を広めていくことが必要とされている。

３．エコロジカルな住宅

国土交通省では、住宅は家庭部門における温室効果ガス排出量を少しでも減らすような断熱性に配慮したものとするとともに、環境負荷の低い建築材料、工法を使用した地球にやさしい住宅の普及を図る必要があると次のように位置づけている。

○ 環境共生型住宅（エコハウス）の普及促進事業

○ 住宅の断熱性能の向上

家庭部門におけるエネルギー消費の4分1以上が冷暖房に使用されており、住宅における主要な熱の出入り口に対して断熱対策（窓の２重化など）を施すことは極めて重要。平成20年度からは住宅の省エネ改修促進税制を創設し、既存住宅において一定の要件を満たす省エネ改修工事（窓や壁、床の断熱化工事）を行った場合に、所得税及び固定資産税に対する特例措置が（住宅の省エネ改修促進税制）適用期間が3年延長され、平成25年3月31日までとした。

○ 住宅用ノンフロン断熱材

住宅の断熱性能の向上のために使用される発泡プラスチック系断熱材の中には、発泡剤としてフロン類を使用したものがあるが、これらの断熱材から排出されるフロン類はオゾン層破壊、地球温暖化を引き起こしす。現在では、フロン類を使用しないノンフロン断熱材が開発、普及してきており、国の公共工事においては、グリーン購入法によりノンフロン断熱材の使用することとしているが、一般の住宅の新築、改修の際にも、ノンフロン断熱材を選択・使用することが、地球環境の保全を図る上で必要となっている。

以上はあくまでも地球の温暖化についての課題として国土交通省が掲げたものである。我々建築技術者として「エコロジカルな住宅」としたときには、まだまだたくさんの建築要素を考え直さなくてはならない。以下にその要素を掲げてみよう。

① 草葺屋根、板葺屋根、瓦屋根、土壁、板壁、土間で構成されていた伝統住宅の科学的な価値を再評価し、一義的な技術集積の現代建築を再考する。そこには、省エネ、再生可能エネルギーという価値が再評価できる。屋上緑化も草葺き屋根に替わる手法としてい位置づけることができる。
② 建物だけではなく、敷地全体、あるいは集落環境のあり方を計画することによりエコロジカルな総合デザインを実現することができる。
③ 太陽から地球が受け止めているエネルギーを多様に活用する。直接日射、間接日射、地熱、地下水、風力、水力などの直接・間接利用、クールチューブ、付設温室などがある。
④ 外部開口部の日射制御により、室内の受熱遮熱をコントロールする。夏簾や夏障子の慣習を見直す。ダブルサッシ、ペアガラス、トリプルガラス、遮熱断熱ブラインド、障子、遮光戸、断熱雨戸の活用。
⑤ 断熱と気密、そして遮熱による総合的な熱対策。ただし、通気工法との矛盾を解消する。
⑥ 蓄熱を活用し室温の安定に努める。

これらの技術を、一つの家として総合化しなければならない。そのためには、個人の力だけではなく諸技術の公開と普及、交流が必要となる。建築業界では一番弱点とされるところである。

第２章　50 日で 1350 人の建築人が集った「エコハウス研究会」の取組み

私は2011.3.11東日本大震災 に直面し、これまで取り組んで来たソーラーシステム（OM ソーラーや関連するパッシブ手法）を再考し、復興住宅で普及を図れるより安価で単純なシステムに取組み、2012年暮れにようやく普及できるシステムの一応の完成を見ることができた。
そして、そこで考えたのは、そのシステムを他の技術者に強制することではなく、住宅建築に携わる人々が交流し、それぞれが学び身につけてきたパッシブデザイン手法を交流し、さらに発展するために議論する場として「エコハウス研究会」を全国につくることを思い立ったのである。
その後、2012.10 月より「エコハウス京都研究会」を発足し、12 月には三重県津にて「エコハウス三重研究会」を発足、年明けて１月５日の世田谷梅ヶ丘アートセンターでの集いを皮切りに、エコハウス研究会を全国に立ち上げて行った。
１／５日東京・埼玉、１／９宮城（仙台)、１／１５岩手（大槌)、１／１９神奈川、１／２０東東京･千葉、２／３秋田、２／１０愛知 (名古屋)、２／１６福岡、２／２３西東京･埼玉という具合。その後は、３／１３午後滋賀、３／１４午後愛知、３／１５昼京都、３／１５夕三重、３／１６東京（全国版エコハウスの作り方1）、３／１８（全国版エコハウスの作り方２）３／２４福岡（雨水利用)、３／３１静岡（浜松)、４／１３富山（建築士会連続講座１)、９／３埼玉県（すまいづくり協議会)、９／２０茨城（茨城県建築士会)。(2013 年９月現在)

このように、燃えさかる炎のような勢いでのエコハウス研究会立上げの連続の集いであったが、多くの参加者の共感を得て、1750 名(2013.9 月現在)の参加を生み出すことができた。FACEBOOK というツールならではの快挙であったといえる。しかし、それ以上に多くの建築技術者が、国交省の進める一面的な省エネの施策に大きな反発を感じていることに驚かされたのも事実である。

１．「日本の大地に、新しい民家をつくる」

「日本の大地に、新しい民家をつくる」。この一文がエコハウス研究会の活動目的と言える。
歴史的な民家の役割は終わり、それを継承することにより地球環境と共生し、表面温度 6000℃の太陽と、-273℃の宇宙空間と地球（空気、海、水蒸気、大地）との熱のやりとりにふさわしい機構を備えた民家および集落を、人間の暮らしの場としての機能を合わせ形作っていくことが現代に生きる建築技術者の果たすべき役割と考える。そのために、これまでの知見を総合化し、デザインして行く、これがエコハウス研究会の役割である。

（1）住宅建築は総合的な観点で総合的な視点から

建築人の現在の意識状況は、いかがなものであろうか。
2012年より国交省が急速に進める、高断熱化と太陽光発電パネル促進の動きに対し、高寿命、遮熱、熱容量、気化熱による冷却効果、調湿、自立循環型原材料の使用などが補助対象に含まれていない状況での進め方に、大変一面的な建築づくりであると感じないではいられないという状況ではないかと判断される。エコハウス研究会への共感の声はこれを象徴していると考えられる。
地球環境の危機に直面し、手っ取り早い省エネとしては、断熱は有効であるが、断熱だけで建築ができるわけではなく、日本の気候では調湿の重要さが大きな課題としてある。夏期に冷房をしなくてすむ家の構造を考えるべきではないかと強調したい。高断熱だけでは、夏の対処は難しい。
さらに、長寿命の家をつくることはもっと大切なことと言える。住まい手のための住まいづくりは、もっと総合的でなくてはならない。それが住宅設計である。このことを改めて問い、多くの建築人の本音とものつくりの良心の場としてエコハウス研究会は充実させて行きたい。

（2）古民家から学ぶ賢い断熱、遮熱、気化熱効果

朝日を浴びて茅葺きの屋根から吹き出す水蒸気は、屋根が防水材ではなく水分を多量に含む材料であるために、水分の蒸発による潜熱効果が屋根裏を快適な状態に保って来た。その故に養蚕を屋根裏で営むことができたのである。茅葺きに亜鉛鉄板をかぶせた民家では養蚕ができなくなり、外に新たに養蚕小屋をつくっていたのである。電気エネルギーを使うことなしに 20℃以上の温度降下を実現していたのである。
それに対して、現代技術は防水という一要素だけを屋根材に求め製品化し量産化した．その結果は屋根裏の温度上昇であった。そのために厚い断熱材を入れなければならなくなった。この判断は消して褒められるものではない。省資源に反する、力づくの技術としか評価できないのである。

一方、地球の温暖化防止、二酸化炭素の固定のために屋上緑化が普及し始めている。この技術と手法は、日が当たれば蒸散が始まり屋根裏から熱を吸収する。冬は乾燥するため断熱性が上がる。さらに、植物が生えていれば、蔵のような置屋根効果を生み出す。屋上緑化は茅葺き屋根に変わるパッシブ手法と判断できるのである。

外壁の通気工法は一般的に施工されるようになって来た。ところが、屋根面に通気層を設けている現場はまだ少ない。古民家では、太陽からの輻射熱を遮るために置き屋根という手法を採用していた。この効果は絶大であり、置き屋根の下では完全に太陽光からの輻射熱を遮熱しているのである。通気層の厚さは２０㎝ほどある。
壁の通気工法を取り組んでいるのに、屋根では通気工法を取っていないとすれば、通気工法の原理そのものを理解していないことになる。必ず壁と同じように通気を取るべきなのである。

（3）零下ではないのに霜がつく自動車のフロントガラス（輻射熱、放射冷却）

これは､いわゆる放射冷却である。
宇宙と地球表面との間には空気や水蒸気や塵埃があり、かなり放射冷却は緩和されているが、それでも絶対零度の宇宙に熱が多量に奪われている。元々、太陽から受熱した熱なのだが、この放射冷却のために、気温が零下でなくても水分が凍ってしまうのである。水道管の凍結も同じような状況で起こる。太陽熱温水器では、屋根上に配管があるため凍結してしまうことがあるため、熱交換型の場合には不凍液を使う。
さて、屋根面では、毎晩このような現象が生じ、屋根裏では結露を繰り返している。そのためにも、屋根材下では、通気層が必要であり、またアスファルトルーフィングのような不透湿の材料ではなく透湿ルーフィングの使用が求められ、さらには野地板についても透湿抵抗の小さい材料が求められているのである。現行の現場では、基本的なことができていないために建物の寿命を短命にしていると言える。

（4）日本の夏は、まず調湿から

古民家で使われてきた土壁と土間。この土の調湿機能は大変驚くべきものがある。室内の空気が相対湿度 100%になっても、まだまだ土壁は水分を吸収できる状態にある。土という建材の再評価を現代住宅工法の中で、改めて位置づける必要がある。古民家の温熱では、朝から昼間にかけ外気温が上がっているにもかかわらず、土間や土壁の温度が下がっていくのを確認したことがある。
一方､この１５年ほどの建築現場で､調湿壁材として注目されてきたのが珪藻土。ほかにはゼオライトやシリカゲル、シラスなどの材料がある。
これまでは、各メーカーの独自測定によりで｢調湿がある｣と言ってきたが、平成 19 年 10 月にようやく、「調湿建材登録・表示制度」に関する調湿建材判定基準が改定され、さらに登録・表示規定が平成 20 年 3 月に改定された結果、消費者にとって一つの物差しが誕生したことになった。その結果、実際に登録されている建材は以下の通りである。
北のやすらぎ、エコカラット・モイス・さらりあ・バウビオ・ダイケン畳など 29 件であり、大変少ないのである。

２．手薄であった輻射熱の利用と対策

（１）空気での暖冷房は不条理、輻射で暖冷房を

この不具合な現象は、住宅では最も体感されているものである。とくにエアコンで暖房している場合には、エアコン自体が風を起こしているため､コールドドラフトがいっそう促進されている状況になっている。空気を暖め、その空気を人のいるところに搬送し、さらに熱を伝えにくい空気で人体を温めようとする、これはあまりにも理屈に合わない仕組みである。また、冷房についても同様のことが言える。「空気で暖冷房することは理屈に合わない」のである。
さて、この現象を解決するにはどのようにしたら良いのか。
根本的には、空気で暖冷房するエアコンを使用しないことである。
対流伝導型の暖冷房器ではなく、空気を媒体にしない輻射型の暖冷房方式を採用すべきなのである。さらに遮熱も含めた断熱性能が良ければ良いほど、天井、壁、床すべての面が均一化される。空気は動かなければ断熱材となり、住宅から外への熱移動が少なくなり熱負荷が減少することになる。
輻射熱は、ほぼ光の速度と同じ、真空中では 30 万㎞／sec。水中では水の屈折率 1.333 で割ると 22.5 万㎞／sec、空気中では空気の屈折率 1.00029 で割り 29.99 万㎞／sec となる｡つまり､8 畳間では部屋の奥行きが 3.64m､往復 7.28m､そうすると輻射熱は１秒間にこの部屋を約 41,200,000 回往復することになるのである。
エアコンでは、秒速 0.3m 以上の風速にしては不快感があるため、熱を伝える速度は桁違いに低い。輻射熱の熱源は何処においても部屋中を満遍なく暖めてくれるという原理はこの熱を伝える速度の違いによると言えるのである。そして、その熱源は現時点では、ヒートポンプによることが最も省エネと判断できる。

(２) 断熱がしっかりと入っているのに何故か屋根裏が暑い (熱伝導、輻射熱)

断熱材がいくら厚く施工されていても熱は伝わる。ただ性能がいいほど伝わる速度は遅く、同じ時間内では伝わる熱量が小さくなるということなのである。屋根裏のように入ってきた熱の逃げ場がないところでは熱がたまる一方なため、徐々に暑くなってしまう。そのために、土蔵では置き屋根という通気層を取り遮熱しているのである。
一般的に、物体と物体との間の熱流は、伝導と対流、そして輻射という三種の現象がある。その割合は、輻射の割合が実際には多いが少なくとも概略、伝導と対流が５０％、輻射が５０％と考えて良い。これまでの断熱材は前者５０％の部分

での対応、後者の輻射熱に対してはこれまで無策であったと言える。今後、この輻射熱に対する効果への知見を深めると共にトータルな断熱対策への道を開拓しなければならない。

3．まとめ

地球温暖化対策と「新しい民家」創造への取組みは、建築人の交流と意識改革が出発点である。まずは、学ぶこと、そして実践すること、さらに検証すること。この原則に基づき、現場技術者、研究者、そして自治体技術者が協働して建築活動を進めることがあるべき姿であり、さらに、ユーザーを巻き込んでの取組がその活動を支えていくものと確信している。

■ 現代日本の「民家」再構築に当り大変重要な参考図書を紹介します。

・**「伝統民家の生態学」花岡利昌著　海青社刊　1991 年**
脳卒中発生の多かった民家を調査したものです。土間床での生活が残っていた戦後間もなくの調査。温湿度だけではなく、輻射温度計、地中温度の測定など医学博士という立場にありながら、大変注意深い環境測定を積み重ねたもので、日本の民家の希少なデーターです。

・**伝統的民家における温熱特性と現代住宅への応用に関する研究　金田正夫著・発行（ご希望の方は無垢里 tel&fax03-5458-8132 へ）**
花岡博士の測定をさらに膨らませ、現代住宅の再構築を提案しようという試みです。基礎的な環境測定を積み重ねての結果は、民家の特徴を具体的に描き上げています。

・**「土・建築・環境」エコ時代の再発見　ゲルノート・ミンケ著　西村書店刊**
土をこれほどまでに科学的に捉え、現代住宅工法に生かしている努力は頭が下がります。日本は、古民家を継承する事無しに現代工法に進めてしまいました。今、改めてその再評価と再構築が必要とされています。力づくの高断熱高気密はサスティナブルな建築とはいえません。

・**「パッシブデザインと OM ソーラー」奥村昭雄著　建築資料研究社刊**
OM ソーラーだけではなく、奥村研究室、そして OM 研究所時代に奥村昭雄が取組んだパッシブデザイン

・**「奥村昭雄のディテール　空気・熱の動きをデザインする」奥村昭雄著　彰国社刊**
助手丸谷博男が奥村研究室を卒業する時に実質的に編著、当時の院生研究生達の協力でまとめたもの「空気・熱の動きをデザインする」は丸谷博男の作詩

・**「パッシブシステム住宅の設計」建設省住宅局住宅生産課監修　住宅・建築省エネルギー機構編　丸善（株）刊　1985 年**
奥村昭雄が大きな関心と時間を掛けて取組んだもの。パッシブ機構特性図など新鮮な手法が開発された。

・**季刊チルチンびと 22 号「夏涼しく冬暖かい家―住まいの温熱環境を科学する」2002 年 10 月**
この号は、不思議なものでした。今の時代に必要なものが特集されていたのです。私の本棚にありました。

・OM テキスト「Om ソーラーを勉強する本」OM ソーラー協会刊 2004 年

・「300 年住宅の作り方」福永博建築研究所著　建築資料研究社刊 2009 年

・「図解エコハウス Can you passive-house it?」竹内昌義・森みわ著　X-Knowledge 刊 2012 年

・「エクセルギーと環境の理論」宿谷昌則著　井上書院刊　2010 年

・「自立循環型住宅への設計ガイドライン」国土交通省国土技術制作総合研究所・独立行政法人建築研究所監修　一般㈶建築環境・省エネルギー機構刊　2010 年

「そらどまの家」の使用建材と販売会社

	部位	名称	メーカー	販売
1	空気調和設備	24時間熱交換換気	協立エアテック株式会社	協立エアテック株式会社
		ダンパー、ダクト、制御類	同上	同上
		木製床吹き出し口	梅ヶ丘アートセンター	梅ヶ丘アートセンター
2	輻射冷暖房機器	「クール暖」PP タイプ	株式会社テスク資材販売	協立エアテック株式会社
	地熱ヒートポンプ		株式会社藤島建設	株式会社藤島建設
	輻射冷暖房工事	太陽熱温水器・断熱工事		信越・ビー・アイ・ビー株式会社
3	屋根	通気部材・イーストルーフ通気メタル	株式会社ナガイ	株式会社ナガイ
		棟換気部材	株式会社タニタ	株式会社タニタ
		遮熱シート	株式会社ライフテック	冨士物産株式会社
		遮熱シート	酒井化学工業株式会社	梅ヶ丘アートセンター
		屋上防水＋緑化スカイプロムナード	栄住産業株式会社	栄住産業株式会社
		太陽光発電パネル＋付属機器	栄住産業株式会社	栄住産業株式会社
4	壁	バウビオ調湿 T・断熱 N	日本インシュレーション株式会社	日本インシュレーション株式会社
		モイス	三菱マテリアル建材株式会社	
5	断熱材	ウッドファイバー／壁	株式会社木の繊維	株式会社ナガイ
		羊毛断熱材サーモウール		栄住産業株式会社
		セルロースファイバー		グランドワークス株式会社
6	可変透湿シート	インテロ	プロクリマ社	信越・ビー・アイ・ビー株式会社
	可変透湿シート	ザバーン®BF	デュポン社	株式会社ナガイ
	透湿防水透湿シート	ソリテックス	プロクリマ社	信越・ビー・アイ・ビー株式会社
	防水透湿シート	タイベック®シルバー／壁	デュポン社	株式会社ナガイ
7	防蟻材&調湿吸着塗料	炭塗料ヘルスコ・キュアー／床下土間	アーテック工房	アーテック工房
8	外部仕上げ材	スーパー白洲そとん壁 W	高千穂シラス株式会社	高千穂シラス株式会社
		カイムファルベン	KEIM 社	信越・ビー・アイ・ビー株式会社
9	内部仕上げ材	薩摩中霧島壁	高千穂シラス株式会社	高千穂シラス株式会社
		北のやすらぎ	日本システム機器株式会社	梅ヶ丘アートセンター
		無機塗料	KEIM 社	信越・ビー・アイ・ビー株式会社
		自然系塗料・塗材	Livos 社、SwissWall 社	株式会社イケダコーポレーション
		ルナファーザー	株式会社日本ルナファーザー	株式会社日本ルナファーザー
10	白金担持光触媒	エアプロット	株式会社ゼンワールド	株式会社ゼンワールド北海道
11	遮熱コーティング	シポフェース／遮熱・断熱・消音・重防食		株式会社明光建商
	仕上げ材	ガードフェース・サンフェース		株式会社明光建商
12	採光ブラインド	アカリナ		株式会社明光建商
13	遮熱用ガラスフィルム		住友3M（株）	小林商事株式会社
	吸音フィルム G	フィルム・音響パネル	住友3M（株）	小林商事株式会社
14	メラミン樹脂建材		住友ベークライト	小林商事株式会社
15	福祉施設用特殊建材		アイカ工業株式会社	小林商事株式会社
16	設計支援システム	各種設計支援（別紙）	（有）システムデザイン	（有）システムデザイン
17	木材	プレカット工法	ウッドワイステクノロジー（株）	ウッドワイステクノロジー（株）
18	地盤改良	HYSEED 工法ほか		グランドワークス株式会社
19	木材他エコ建材全般			ピュアウッド株式会社